# DER PAPALAGI

W0213897

# DER PAPALAGI

## Die Reden des Südseehäuptlings Tuiavii aus Tiavea

Illustrationen von
Il-Young-Lee

Oesch Verlag

Die Deutsche Bibliothek – CIP-Einheitsaufnahme

**Scheurmann, Erich:**
Der Papalagi : die Reden des Südseehäuptlings Tuiavii
aus Tiavea / [Erich Scheurmann].
Ill. von Il-Young-Lee. – Zürich : Oesch, 2001
ISBN 3-85833-605-X

Die Illustrationen von Il-Young-Lee
sind mit freundlicher Genehmigung des Verlags
Dong Seo Ko Geum, Seoul,
der südkoreanischen Ausgabe entnommen.
Copyright © 2000 by Il-Young-Lee/
Dong Seo Ko Geum, Seoul

Alle Rechte vorbehalten
Nachdruck in jeder Form sowie die Wiedergabe
durch Fernsehen, Rundfunk, Film, Bild- und Tonträger,
die Speicherung und Verbreitung in elektronischen
Medien oder Benutzung für Vorträge, auch auszugsweise,
nur mit Genehmigung des Verlags

Copyright © 2001 by Oesch Verlag AG, Zürich
Satz: Oesch Verlag
Druck und Bindung: Legoprint S.p.a., Lavis
Printed in Italy
ISBN 3-85833-605-X (broschierte Ausgabe)
ISBN 3-85833-600-9 (gebundene Ausgabe)

Gern senden wir Ihnen unser Verlagsverzeichnis:
Oesch Verlag, Jungholzstraße 28, 8050 Zürich
E-Mail: info@oeschverlag.ch
Telefax 0041/1 305 70 66 (CH: 01/305 70 66)

Unser Buchprogramm finden Sie im Internet unter:
**www.oeschverlag.ch**

*Papalagi (sprich: Papalangi) heißt: der Weiße, der Fremde, wörtlich übersetzt aber der Himmelsdurchbrecher. Der erste weiße Missionar, der in Samoa landete, kam in einem Segelboot.*

*Die Eingeborenen hielten das weiße Segelboot aus der Ferne für ein Loch im Himmel, durch das der Weiße zu ihnen kam. – Er durchbrach den Himmel.*

# Inhalt

# Einführung
# von
# Erich Scheurmann

Es war nie die Absicht Tuiaviis, diese Reden[1] für Europa herauszugeben oder überhaupt drucken zu lassen; sie waren ausschließlich für seine polynesischen Landsleute gedacht. Wenn ich dennoch ohne sein Wissen, und sicherlich gegen seinen Willen, die Reden dieses Eingeborenen der Lesewelt Europas übermittle, so geschieht es in der Überzeugung, daß es auch für uns Weiße und Aufgeklärte von Wert sein dürfte zu erfahren, wie die Augen eines noch eng an die Natur Gebundenen uns und unsere Kultur betrachten. Mit seinen Augen erfahren wir uns selbst; von einem Standpunkt aus, den wir selber nie mehr einnehmen können. Obwohl, zumal von Zivilisationsfanatikern, die Art seines Schauens als kindlich, ja kindisch, vielleicht als albern empfunden werden mag, muß den Vernunftvolleren und Demütigeren doch manches Wort Tuiaviis nachdenklich stimmen und zur Selbstschau zwingen; denn seine Weisheit kommt aus der Einfalt, die von Gott ist und keiner Gelehrsamkeit entspringt.

1 Die Reden des Südseehäuptlings Tuiavii aus Tiavea sind zwar noch nicht gehalten, doch aber gleichsam als ein Entwurf in der Eingeborenensprache niedergeschrieben, aus welcher sie ins Deutsche übersetzt wurden.

Diese Reden stellen in sich nichts mehr und nichts weniger dar als einen Anruf an alle primitiven Völker der Südsee, sich von den erhellten Völkern des europäischen Kontinents loszureißen. Tuiavii, der Verächter Europas, lebte in der tiefsten Überzeugung, daß seine eingeborenen Vorfahren den größten Fehler gemacht haben, als sie sich mit dem Lichte Europas beglücken ließen. Gleich jener Jungfrau von Fagasa, die vom hohen Riff aus die ersten weißen Missionare mit ihrem Fächer abwehrte: »Hebt euch hinweg, ihr übeltuenden Dämonen!« – Auch er sah in Europa den dunklen Dämon, das zerstörende Prinzip, von dem man sich zu hüten habe, wolle man seine Unschuld wahren.

Als ich Tuiavii zuerst kennenlernte, lebte er friedlich und abgesondert von Europens Welt auf der weltfernen kleinen Insel Upolu, die zur Samoagruppe gehört, im Dorfe Tiavea, dessen Herr und oberster Häuptling er war. Der erste Eindruck von ihm war der eines massigen, freundlichen Riesen. Er war wohl an die zwei Meter hoch und von ungewöhnlich starkem Gliederbau. Ganz im Widerspruch dazu klang seine Stimme weich und milde wie die eines Weibes. Sein großes, dunkles, von dichten Brauen überschattetes, tiefliegendes Auge hatte etwas Gebanntes, Starres. Bei plötzlicher Anrede jedoch glutete es warm auf und verriet ein wohlwollendes lichtes Gemüt.

Nichts unterschied Tuiavii im übrigen von seinen

eingeborenen Brüdern. Er trank seinen Kava[2], ging am Abend und Morgen zum Loto[3], aß Bananen, Taro und Jams und pflegte alle heimischen Gebräuche und Sitten. Nur seine Vertrautesten wußten, was unablässig in seinem Geiste gärte und nach Klärung suchte, wenn er, gleichsam träumend, mit halbgeschlossenen Augen auf seiner großen Hausmatte lag.

Während der Eingeborene im allgemeinen gleich dem Kinde nur und alleine in seinem sinnlichen Reiche lebt, ganz und nur im Gegenwärtigen, ohne jede Beschau seiner selbst oder seiner weiteren und näheren Umgebung, war Tuiavii Ausnahmenatur. Er ragte weit über seinesgleichen hinaus, weil er Bewußtheit besaß, jene Innenkraft, die uns in erster Linie von allen primitiven Völkern scheidet.

Aus dieser Außerordentlichkeit mochte auch der Wunsch Tuiaviis entsprungen sein, das ferne Europa zu erfahren; ein sehnliches Verlangen, das er schon pflegte, als er noch Zögling der Missionsschule der Maristen war, das sich aber erst in seinen Mannesjahren erfüllte. Sich einer Völkerschaugruppe, die damals den Kontinent bereiste, anschließend, besuchte der Erfahrungshungrige nacheinander alle Staaten Europas und erwarb sich eine genaue Kenntnis der Art und Kultur dieser Länder. Ich hatte mehr als ein-

2 Das samoanische Volksgetränk, bereitet aus den Wurzeln des Kavastrauches.

3 Gottesdienst.

mal Gelegenheit zu staunen, wie genau diese Kenntnisse gerade in bezug auf unscheinbare Kleinigkeiten waren. Tuiavii besaß im höchsten Maße die Gabe nüchternen, vorurteilslosen Beschauens. Nichts konnte ihn blenden, nie Worte ihn von einer Wahrheit ablenken. Er sah gleichsam das Ding an sich; wiewohl er bei allen Studien nie die eigene Plattform verlassen konnte.

Obgleich ich wohl über ein Jahr lang in seiner unmittelbaren Nähe lebte – ich war Mitglied seiner Dorfgemeinde –, eröffnete sich mir Tuiavii erst, als wir Freunde wurden, nachdem er den Europäer in mir restlos überwunden, ja vergessen hatte. Als er sich überzeugt hatte, daß ich reif für seine einfache Weisheit war und sie keinesfalls belächeln würde (was ich auch nie getan habe). Erst dann ließ er mich Bruchstücke aus seinen Aufzeichnungen hören. Er las sie mir ohne jede Wucht und ohne rednerische Bemühung, gleichsam als ob alles, was er zu sagen habe, historisch sei. Aber gerade durch diese Art seines Vortrages wirkte das Gesagte um so reiner und deutlicher auf mich und ließ den Wunsch in mir aufkommen, das Gehörte zu halten.

Erst viel später legte Tuiavii seine Aufzeichnungen in meine Hand und gewährte mir eine Übersetzung ins Deutsche, die, wir er vermeinte, ausschließlich zu Zwecken eines persönlichen Kommentars und nie als Selbstzweck geschehen sollte. Alle diese Reden sind

Entwurf, sind unabgeschlossen. Tuiavii hat sie nie anders betrachtet. Erst wenn er die Materie vollständig in seinem Geiste geordnet hatte und zur letzten Klarheit durchgedrungen war, wollte er seine »Missionsarbeit« in Polynesien, wie er es nannte, beginnen. Ich mußte Ozeanien verlassen, ohne diese Reife erwarten zu können.

So sehr es mein Ehrgeiz war, mich bei der Übersetzung möglichst wortgetreu an das Original zu halten, und wiewohl ich mir auch in der Anordnung des Stoffes keinerlei Eingriffe erlaubte, bin ich mir trotzdem bewußt, wie sehr die intuitive Art des Vortrages, der Hauch der Unmittelbarkeit, verlorengegangen ist. Das wird der gern entschuldigen, welcher die Schwierigkeiten kennt, eine primitive Sprache zu verdeutschen, ihre kindlich klingenden Äußerungen so zu geben, ohne daß sie banal und abgeschmackt wirken.

Alle Kulturerrungenschaften des Europäers betrachtet Tuiavii als einen Irrtum, als eine Sackgasse, er, der kulturlose Insulaner. Das könnte anmaßend erscheinen, wenn nicht alles mit wunderbarer Einfalt, die ein demütiges Herz verrät, vorgetragen würde. Er warnt zwar seine Landsleute, ja er ruft sie auf, sich vom Banne des Weißen frei zu machen. Aber er tut es mit der Stimme der Wehmut und bezeugt dadurch, daß sein Missionseifer der Menschenliebe, nicht der Gehässigkeit entspringt. »Ihr glaubet uns das Licht zu bringen«, sagte er bei unserm letzten Zusammensein,

»in Wirklichkeit möchtet ihr uns mit in eure Dunkelheit hineinziehen.« Er betrachtet die Dinge und Vorgänge des Lebens mit der Ehrlichkeit und Wahrheitsliebe eines Kindes, gerät dabei auf Widersprüche, entdeckt dabei tiefe sittliche Mängel, und indem er sie aufzählt und sich zurückruft, werden sie ihm selber zu endlicher Erfahrung. Er kann nicht erkennen, worin der hohe Wert europäischer Kultur liegt, wenn sie den Menschen von sich abzieht, ihn unecht, unnatürlicher und schlechter macht. Indem er unsere Errungenschaften, gleichsam bei der Haut, unserem Äußeren, beginnend, aufzählt, sie völlig uneuropäisch und pietätlos beim nächsten Namen nennt, enthüllt er uns ein wenn auch begrenztes Schauspiel unserer selbst, bei dem man nicht weiß, soll man den Verfasser oder dessen Gegenstand belächeln.

In dieser kindlichen Offenheit und Pietätlosigkeit liegt meines Erachtens der Wert von Tuiaviis Reden für uns Europäer und das Recht einer Veröffentlichung. Der Weltkrieg hat uns Europäer skeptisch gegen uns selbst gemacht, auch wir beginnen die Dinge auf ihren wahren Gehalt hin zu prüfen, beginnen zu bezweifeln, daß wir durch unsere Kultur das Ideal unserer selbst erfüllen können. Daher wollen wir uns auch nicht für zu gebildet halten, im Geiste einmal herabzusteigen zu der einfachen Denk- und Anschauungsweise dieses Südseeinsulaners, der noch von keiner Bildung belastet und noch urtümlicher in seinem

Fühlen und Schauen ist und der uns erkennbar machen hilft, wo wir uns selber entgötterten, um uns tote Götzen dafür zu schaffen.

Horn in Baden *Erich Scheurmann*

# Vom Fleischbedecken des Papalagi, von seinen vielen Lendentüchern und Matten

Der Papalagi ist dauernd bemüht, sein Fleisch gut zu bedecken. »Der Leib und seine Glieder sind Fleisch, nur was oberhalb des Halses ist, das ist der wirkliche Mensch«, also sagte mir ein Weißer, der großes Ansehen genoß und als sehr klug galt. Er meinte, nur das sei des Betrachtens wert, wo der Geist und alle guten und schlechten Gedanken ihren Aufenthalt haben. Der Kopf. Ihn, zur Not auch noch die Hände, läßt der Weiße gerne unbedeckt. Obwohl auch Kopf und Hand nichts sind als Fleisch und Knochen. Wer im übrigen sein Fleisch sehen läßt, erhebt keinen Anspruch auf rechte Gesittung.

Wenn ein Jüngling ein Mädchen zu seiner Frau macht, weiß er nie, ob er mit ihm betrogen ist, denn er hat nie zuvor seinen Leib gesehen.[1] Ein Mädchen, es mag noch so schön gewachsen sein wie die schönste Taopou[2] von Samoa, bedeckt seinen Leib, damit niemand ihn sehen kann oder Freude an seinem Anblick nimmt.

Das Fleisch ist Sünde. Also sagt der Papalagi. Denn

1 Randbemerkung Tuiaviis: Auch später wird es ihm den Körper selten zeigen und wenn, dann zur Stunde der Nacht oder Dämmerung.

2 Eine Dorfjungfrau, Mädchenkönigin.

sein Geist ist groß nach seinem Denken. Der Arm, der sich zum Wurf im Sonnenlichte hebt, ist ein Pfeil der Sünde. Die Brust, auf der die Welle des Luftnehmens wogt, ist ein Gehäuse der Sünde. Die Glieder, auf denen die Jungfrau uns eine Silva[3] schenkt, sind sündig. Und auch die Glieder, welche sich berühren, um Menschen zu machen zur Freude der großen Erde – sind Sünde. Alles ist Sünde, was Fleisch ist. Es lebt ein Gift in jeder Sehne, ein heimtückisches, das von Mensch zu Mensch springt. Wer das Fleisch nur anschaut, saugt Gift ein, ist verwundet, ist ebenso schlecht und verworfen als derjenige, welcher es zur Schau gibt. – Also verkündigen die heiligen Sittengesetze des weißen Mannes.

Darum auch ist der Körper des Papalagi vom Kopf bis zu den Füßen mit Lendentüchern, Matten und Häuten umhüllt, so fest und so dicht, daß kein Menschenauge, kein Sonnenstrahl hindurchdringt; so fest, daß sein Leib bleich, weiß und müde wird, wie die Blumen, die im tiefen Urwald wachsen.

Laßt euch berichten, verständigere Brüder der vielen Inseln, welche Last ein einzelner Papalagi auf seinem Leibe trägt: Zuunterst umhüllt den nackten Körper eine dünne weiße Haut, aus den Fasern

3 Eingeborenentanz.

einer Pflanze gewonnen, genannt die Oberhaut. Man wirft sie hoch und läßt sie von oben nach unten über Kopf, Brust und Arme bis zu den Schenkeln fallen. Über die Beine und Schenkel bis zum Nabel, von unten nach oben gezogen, kommt die sogenannte Unterhaut. Beide Häute werden durch eine dritte, dickere Haut bedeckt, eine Haut aus den Haaren eines vierfüßigen wolligen Tieres geflochten, das besonders zu diesem Zwecke gezüchtet wird. Dies ist das eigentliche Lendentuch. Es besteht zumeist aus drei Teilen, deren einer den Oberkörper, deren anderer den Mittelleib und deren ein dritter die Schenkel und Beine bedeckt. Alle drei Teile werden untereinander durch Muscheln und Schnüre, aus dem gedörrten Safte des Gummibaums verfertigt[4], gehalten, so daß sie ganz wie ein Stück erscheinen. Dieses Lendentuch ist zumeist grau wie die Lagune zur Regenzeit; es darf nie ganz farbig sein. Höchstens das Mittelstück, und dies auch nur bei den Männern, die gerne von sich reden machen und den Weibern viel nachlaufen.

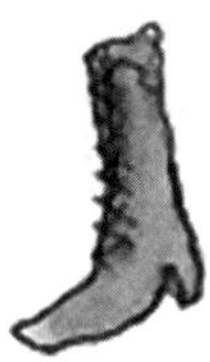

Die Füße endlich bekommen noch eine weiche und eine ganz feste Haut. Die weiche ist zumeist dehnbar und paßt sich dem

4 Tuiavii meint Knöpfe und Gummibänder.

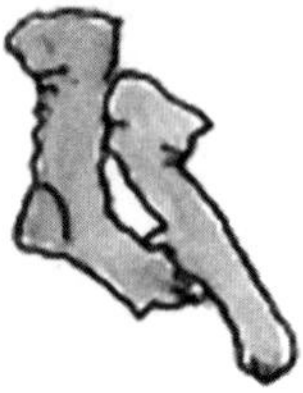

Fuße schön an, um so weniger die feste. Sie ist aus dem Felle eines starken Tieres, welches so lange in Wasser getaucht, mit Messern geschabt, geschlagen und an die Sonne gehalten wird, bis es ganz hart ist. Hieraus baut der Papalagi dann eine Art hochrandiges Canoe, gerade groß genug, um einen Fuß aufzunehmen. Ein Canoe für den linken und eines für den rechten Fuß. Diese Fußschiffe werden mit Stricken und Widerhaken fest am Fußgelenk verschnürt und verknotet, so daß die Füße in einem festen Gehäuse liegen wie der Leib einer Seeschnecke. Diese Fußhäute trägt der Papalagi von Sonnenaufgang bis zum Sonnenuntergang, er geht darin auf Malaga[5] und tanzt darin, er trägt sie und ob es auch heiß sei wie nach einem Tropenregen.

Weil dies sehr unnatürlich ist, wie der Weiße wohl merkt, und weil es die Füße macht, als seien sie tot und begännen bereits zu stinken, und weil tatsächlich die meisten europäischen Füße nicht mehr greifen oder an einer Palme emporklettern können – deshalb sucht der Papalagi seine Torheit zu verbergen, indem er die Haut dieses Tieres, die an sich rot ist, mit viel Schmutz bedeckt, welchem er durch viel Reiben Glanz verleiht, so daß die Augen die Blendung nicht mehr vertragen können und sich abwenden müssen.

5 Auf Reisen.

Es lebte einmal ein Papalagi in Europa, der berühmt wurde, zu dem viele Menschen kamen, weil er ihnen sagte: »Es ist nicht gut, daß ihr so enge und schwere Häute an den Füßen tragt, geht barfuß unter dem Himmel, solange der Tau der Nacht den Rasen bedeckt, und alle Krankheit wird von euch weichen.« Dieser Mann war sehr gesund und klug; aber man hat über ihn gelächelt und ihn bald vergessen.

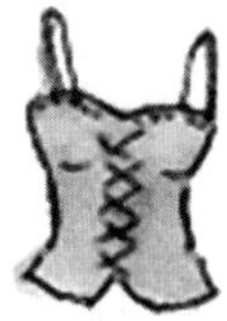

Auch die Frau trägt gleich dem Manne viele Matten und Lendentücher um Leib und Schenkel gewunden. Ihre Haut ist davon bedeckt mit Narben und Schnürwunden. Die Brüste sind matt geworden und geben keine Milch mehr vom Druck einer Matte, die sie sich vom Hals bis zum Unterleib vor die Brust bindet und auch auf den Rücken; einer Matte, die durch Fischknochen, Draht und Fäden sehr hart gemacht ist. Die meisten Mütter geben daher auch ihren Kindern die Milch in einer Glasrolle, die unten geschlossen ist und oben eine künstliche Brustwarze trägt. Es ist auch nicht ihre eigene Milch, die sie geben, sondern die von roten, häßlichen, gehörnten Tieren, denen man sie gewaltsam aus ihren vier Zapfen am Unterleib entzieht.

Im übrigen sind die Lendentücher der Frauen und Mädchen dünner als die des Mannes und dürfen auch Farbe haben und weit leuchten. Auch scheinen Hals und Arme oft durch und lassen mehr Fleisch sehen als beim Manne. Trotzdem gilt es als gut, wenn ein Mädchen sich viel bedeckt, und die Leute sagen mit Wohlgefallen: Es ist keusch; das soll heißen: Es achtet die Gebote rechter Gesittung.

Darum habe ich auch nie begriffen, warum bei großen Fono[6] und Essensgelagen die Frauen und Mädchen ihr Fleisch am Hals und Rücken frei sehen lassen dürfen, ohne daß dies eine Schande ist. Aber vielleicht ist dies gerade die Würze der Festlichkeit, daß dies einmal erlaubt ist, was nicht alle Tage erlaubt ist.

Nur die Männer halten Hals und Rücken stets stark bedeckt. Vom Hals bis hinab zur Brustwarze trägt der Alii[7] ein Stück hartgekalktes Lendentuch von der Größe eines Taroblattes. Darauf ruht, um den Hals geschlungen, ein ebenso weißer, hoher Reifen, ebenfalls hart gekalkt. Durch diesen Reifen zieht er ein Stück farbiges Lendentuch, verschlingt es wie ein Bootsseil, stößt einen goldenen Nagel hindurch oder eine Glasperle und läßt das Ganze über das Schild hängen. Viele Papalagi tragen auch Kalkreifen an den Handgelenken; nie aber an den Fußgelenken.

Dieses weiße Schild und die weißen Kalkringe sind sehr bedeutungsvoll. Ein Papalagi wird nie da, wo ein Weib ist, ohne diesen Halsschmuck sein. Noch schlimmer ist es, wenn der Kalkring schwarz geworden ist

6 Zusammenkünfte, Gesellschaften.

7 Herr.

und kein Licht mehr trägt. Viele hohe Alii wechseln darum täglich ihre Brustschilde und Kalkringe.

Während die Frau sehr viele bunte Festmatten hat, ja viele aufrecht stehende Truhen voll, und sie viele ihrer Gedanken daran gibt, welches Lendentuch sie heute oder morgen wohl tragen möchte, ob es lang oder kurz sein möge, und sie mit vieler Liebe immer davon spricht, welchen Schmuck sie darauf hängen soll – hat der Mann zumeist nur ein einziges Festkleid und spricht fast nie davon. Dies ist die sogenannte Vogelkleidung, ein tiefschwarzes Lendentuch, das auf dem Rücken spitz zuläuft wie der Schwanz des Buschpapageies.[8] Bei diesem Schmuckkleid müssen auch die Hände weiße Häute tragen, Häute über jedem Finger, so eng, daß das Blut brennt und zum Herzen läuft. Es gilt daher als zulässig, daß vernunftvolle Männer diese Häute nur in den Händen tragen oder daß sie sie unterhalb der Brustwarzen in das Lendentuch einkneifen.

Sobald ein Mann oder Weib die Hütte verläßt und auf die Gasse tritt, hüllen sie sich noch in ein weiteres Lendentuch, das, je nachdem ob die Sonne scheint oder nicht,

8 Wohl der Frack gemeint.

dick oder dünner ist. Dann bedecken sie auch ihren Kopf, die Männer mit einem schwarzen, steifen Gefäß, wölbig und hohl wie das Dach eines Samoahauses, die Frauen mit großen Bastgeflechten oder umgestülpten Körben, an die sie Blumen, die nie welken können, Schmuckfedern, Fetzen von Lendentüchern, Glasperlen und allerlei anderen Zierat knüpfen. Sie gleichen der Tuiga[9] einer Taopou beim Kriegstanz, nur daß diese weit schöner ist und auch beim Sturm oder Tanz nicht vom Kopfe fallen kann. Die Männer schwingen diese Kopfhäuser bei jeder Bewegung zum Gruße, während die Frauen ihre Kopflast nur leise nach vorne neigen wie ein Boot, das schlecht geladen ist.

Nur bei Nacht, wenn der Papalagi die Matte sucht, wirft er alle Lendentücher von sich, hüllt sich aber sogleich in ein neues einziges, das den Füßen zu offen ist und diese unbedeckt läßt. Die Mädchen und Frauen tragen dieses Nachttuch zumeist am Halse reich verziert, obwohl man es wenig zu sehen bekommt. Sobald der Papalagi auf seiner Matte liegt, bedeckt er sich augenblicklich bis zum Kopfe mit den Bauchfedern eines großen Vogels, die in einem großen Len-

9 Kopfschmuck.

dentuch zusammengehalten werden, damit sie nicht auseinanderfallen oder fortfliegen können. Diese Federn bringen den Leib in Schweiß und veranlassen, daß der Papalagi denkt, er läge in der Sonne, auch wenn sie nicht scheint. Denn die wirkliche Sonne achtet er nicht so sehr.

Es ist nun klar, daß durch dies alles der Leib des Papalagi weiß und bleich wird, ohne die Farbe der Freude. Aber so liebt es der Weiße. Ja die Frauen, zumal die Mädchen, sind ängstlich darauf bedacht, ihre Haut zu schützen, daß sie nie im großen Lichte rot werde, und halten zur Abwehr, sobald sie in die Sonne gehen, ein großes Dach über sich. Als ob die bleiche Farbe des Mondes köstlicher sei als die Farbe der Sonne. Aber die Papalagi liebt es, in allen Dingen sich eine Weisheit und ein Gesetz nach seiner Weise zu machen. Weil seine eigene Nase spitz ist wie der Zahn des Haies, ist sie auch schön, und die unsere, die ewig rund bleibt und ohne Widerstand, erklärt er für häßlich, für unschön, während wir doch genau das Gegenteil sagen.

Weil nun die Leiber der Frauen und Mädchen so stark bedeckt sind, tragen die Männer und Jünglinge ein großes Verlangen, ihr Fleisch zu sehen; wie dies auch natürlich ist. Sie denken bei Tag und Nacht daran und sprechen viel von den Körperformen der Frauen und Mädchen und immer so, als ob das, was natürlich und schön ist, eine große Sünde sei und nur im dunkelsten Schatten geschehen dürfe. Wenn sie das

Fleisch offen sehen lassen würden, möchten sie ihre Gedanken mehr an andere Dinge geben, und ihre Augen würden nicht schielen, und ihr Mund würde nicht lüsterne Worte sagen, wenn sie einem Mädchen begegnen.

Aber das Fleisch ist ja Sünde, ist vom Aitu[10]. Gibt es ein törichteres Denken, liebe Brüder? – Wenn man den Worten des Weißen glauben könnte, möchte man wohl mit ihm wünschen, unser Fleisch sei lieber hart wie das Gestein der Lava und ohne seine schöne Wärme, die von innen kommt. Noch aber wollen wir uns freuen, daß unser Fleisch mit der Sonne sprechen kann, daß wir unsere Beine schwingen können wie das wilde Pferd, weil kein Lendentuch sie bindet und keine Fußhaut sie beschwert und wir nicht achtgeben müssen, daß unsere Bedeckung vom Kopfe fällt. Laßt uns freuen an der Jungfrau, die schön von Leib ist und ihre Glieder zeigt in Sonne und Mondenlicht. Töricht, blind, ohne Sinn für rechte Freude ist der Weiße, der sich so stark verhüllen muß, um ohne Scham zu sein.

10 Der schlechte Geist, der Teufel.

# Von den steinernen Truhen, den Steinspalten, den steinernen Inseln und was dazwischen ist

Der Papalagi wohnt wie die Seemuscheln in einem festen Gehäuse. Er lebt zwischen Steinen wie die Skolopender zwischen Lavaspalten. Steine sind rings um ihn, neben ihm und über ihm. Seine Hütte gleicht einer aufrechten Truhe aus Stein. Einer Truhe, die viele Fächer hat und durchlöchert ist.

Man kann nur an einer Stelle des Steingehäuses ein- und ausschlüpfen. Diese Stelle nennt der Papalagi den Eingang, wenn er in die Hütte hineingeht, den Ausgang, wenn er hinausgeht; obwohl beides ganz und gar ein und dasselbe ist. An dieser Stelle ist nun ein großer Holzflügel, den man kräftig zurückstoßen muß, ehe man in die Hütte hinein kann. Man ist jetzt aber erst am Anfang und muß noch mehrere Flügel durchstoßen, dann erst ist man wirklich in der Hütte.

Die meisten Hütten sind nun von mehr Menschen bewohnt, als in einem einzigen Samoadorfe leben, man muß daher genau den Namen der Aiga[1] wissen, zu der man auf Besuch will. Dann jede Aiga hat einen besonderen Teil der Steintruhe für sich, entweder oben oder unten oder in der Mitte, links oder rechts

1 Familie.

oder geradevor. Und eine Aiga weiß oft von der anderen nichts, gar nichts, als ob nicht nur eine steinerne Wand, sondern Manonon, Aplima und Savaii[2] und viele Meere zwischen ihnen lägen. Sie wissen oft ihre Namen kaum, und wenn sie einander an dem Einschlupfloch begegnen, geben sie sich nur unwillig einen Gruß oder brummeln sich an wie feindliche Insekten. Wie erbost darüber, daß sie nahe beieinander leben müssen.

Wohnt die Aiga nun oben, ganz unter dem Dache der Hütte, so muß man viele Äste hinaufsteigen, im Zickzack oder rund im Kreise, bis man zu der Stelle kommt, wo der Name der Aiga an die Wand geschrieben ist. Nun sieht man vor sich die zierliche Nachbildung einer weiblichen Brustwarze, auf die man drückt, bis ein Schrei ertönt, der die Aiga herbeiruft. Sie sieht durch ein kleines, rundes gegittertes Loch in der Wand, ob es kein Feind ist. Dann öffnet sie nicht. Erkennt sie aber den Freund, so bindet sie sogleich einen großen Holzflügel, der tüchtig angekettet ist, ab und zieht ihn zu sich herein, daß der Gast durch den Spalt eintreten kann in die wirkliche Hütte.

Diese ist nun wieder von vielen steilen Steinwänden durchbrochen, und man schlüpft weiter durch Flügel und Flügel von Truhe zu Truhe, die kleiner und kleiner werden. Jede Truhe – die der Papalagi ein Zimmer

2 Drei Inseln, zur Samoagruppe gehörend.

nennt – hat ein Loch, wenn sie größer ist, zwei oder noch mehr, durch die das Licht hereinkommt. Diese Löcher sind mit Glas zugetan, das man fortnehmen kann, wenn frische Luft in die Truhen soll, was sehr nötig ist. Es gibt aber viele Truhen ohne Licht- und Luftloch.

Ein Samoaner würde in solcher Truhe bald ersticken, denn nirgends geht ein frischer Luftzug hindurch wie in jeder Samoahütte. Dann auch suchen die Gerüche des Kochhauses nach einem Ausgang. Zumeist ist aber die Luft, welche von draußen hereinkommt, nicht viel besser; und man kann schwer begreifen, daß ein Mensch hier nicht sterben muß, daß er nicht vor Sehnsucht zum Vogel wird, ihm keine Flügel wachsen, damit er sich aufschwinge und dahin fliege, wo Luft und Sonne ist. Aber der Papalagi liebt seine Steintruhen und merkt ihre Schädlichkeit nicht mehr.

Jede Truhe hat nun einen besonderen Zweck. Die größte und hellste gilt für die Fono[3] der Familie oder zum Empfang der Besuche, eine andere für den Schlaf. Hier liegen die Matten, das heißt, sie lagern frei auf einem Holzgestell mit langen Beinen, damit die Luft unter den Matten durchziehen kann. Eine dritte Truhe ist für das Esseneinnehmen und Rauchwolkenmachen, eine vierte bewahrt die Essenvorräte, in der

3 Zusammenkünfte, Beratungen.

fünften wird gekocht und in der letzten und kleinsten gebadet. Dieses ist der allerschönste Raum. Er ist mit großen Spiegeln verkleidet, der Fußboden mit einem Belag von bunten Steinen verziert, und mitten darin steht eine große Schale aus Metall oder Stein, in die besonntes und unbesonntes Wasser rinnt. In diese Schale, die so groß ist, ja größer als ein rechtes Häuptlingsgrab, steigt man hinein, um sich zu reinigen und den vielen Sand der Steintruhen von sich abzuspülen. – Es gibt natürlich auch Hütten mit mehr Truhen. Es gibt sogar Hütten, in denen jedes Kind seine eigene Truhe hat, jeder Diener des Papalagi, ja seine Hunde und Pferde.

Zwischen diesen Truhen verbringt nun der Papalagi sein Leben. Er ist bald in dieser, bald in jener Truhe, je nach Tageszeit und Stunde. Hier wachsen seine Kinder auf, hier, hoch über der Erde, oft höher wie eine ausgewachsene Palme – zwischen Steinen. Von Zeit zu Zeit verläßt der Papalagi seine Privattruhen, wie er sie nennt, um in eine andere Truhe zu steigen, die seinen Geschäften gilt, bei denen er ungestört sein will und keine Frauen und Kinder gebrauchen kann. Während dieser Zeit sind die Mädchen und Frauen im Kochhause und kochen oder machen Fußhäute blendend oder waschen Lendentücher. Wenn sie reich sind und sich Diener halten können, machen diese die Arbeit, und sie selber gehen auf Besuche oder neue Essensvorräte zu holen.

Auf diese Weise leben in Europa so viele Menschen, wie Palmen in Samoa wachsen, ja noch viel mehr. Einige haben wohl viel Sehnsucht nach Wald und Sonne und viel Licht; aber dies wird allgemein als eine Krankheit angesehen, die man in sich niederkämpfen muß. Ist jemand mit diesem Steinleben nicht zufrieden, so sagt man wohl: Er ist ein unnatürlicher Mensch; was so viel heißen soll: Er weiß nicht, was Gott für den Menschen bestimmt hat.

Diese Steintruhen stehen nun jeweils in großer Zahl dicht beieinander, kein Baum, kein Strauch trennt sie, sie stehen wie Menschen Schulter an Schulter, und in jeder wohnen so viele Papalagi wie in einem ganzen Samoadorfe. Ein Steinwurf weit, auf der anderen Seite, ist eine gleiche Reihe Steintruhen, auch wieder Schulter an Schulter, und auch in diesen wohnen Menschen. So ist zwischen beiden Reihen nur ein schmaler Spalt, welchen der Papalagi die »Straße« nennt. Diese Spalte ist oft so lang wie ein Fluß und mit harten Steinen bedeckt. Man muß lange laufen, bis man eine freiere Stelle findet; doch hier münden wieder Häuserspalten. Auch diese sind wieder lang wie große Süßwasserflüsse, und ihre Seitenöffnungen sind wieder Steinspalten von gleicher Länge. So kann man wohl tagelang zwischen diesen Spalten umherirren, bis man wieder einen Wald oder ein großes Stück Himmelsblau findet. Zwischen den Spalten sieht man nur selten eine rechte Himmelsfarbe, denn weil in je-

der Hütte zumindest eine, oft sehr viele Feuerstätten sind, ist die Luft fast stetig voll viel Rauch und Asche, wie bei einem Ausbruch des großen Kraters in Savaii. Sie regnet in die Spalten herab, so daß die hohen Steintruhen aussehen wie der Schlick der Mangrovesümpfe und die Menschen schwarze Erde in ihre Augen und Haare bekommen und harten Sand zwischen ihre Zähne.

Aber dies alles hindert die Menschen nicht, in diesen Spalten herumzulaufen vom Morgen bis zum Abend. Ja es gibt viele, die eine besondere Lust daran haben. Besonders in einigen Spalten ist ein Gewirre, und die Menschen fließen darin wie ein dicker Schlick. Dies sind die Straßen, wo riesenhafte Glaskästen eingebaut sind, in denen alle die Dinge ausgebreitet liegen, die ein Papalagi zum Leben braucht: Lendentücher, Kopfschmuck, Hand- und Fußhäute, Essensvorräte, Fleisch und wirkliche Nahrung wie Früchte und Gemüse und viele andere Dinge mehr. Sie liegen hier offen, um die Menschen anzulocken. Niemand darf aber etwas an sich nehmen, wenn er es auch noch so nötig hat, er muß dazu erst eine besondere Erlaubnis und ein Opfer dafür gebracht haben.

In diesen Spalten droht von allen Seiten viel Gefahr, denn die Menschen laufen nicht nur durcheinander, sie fahren und reiten auch kreuz und quer oder lassen sich in großen gläsernen Truhen, die auf metallenen Bändern gleiten, davontragen. Der Lärm ist groß. Deine Ohren sind betäubt, denn die Pferde schlagen mit ihren Hufen auf die Steine des Bodens, die Menschen schlagen mit ihren harten Fußhäuten darauf, Kinder schreien, Männer schreien, vor Freude oder vor Entsetzen, alle schreien. Du kannst dich auch nicht anders verständigen als durch Schreien. Es ist ein allgemeines Sausen, Rasseln, Stampfen, Dröhnen, als ob du an der Steilbrandung von Savaii ständest, an einem Tage, da höchster Sturm tost. Und doch ist dieses Tosen noch lieblicher und nimmt dir nicht so deine Sinne wie das Tosen zwischen den Steinspalten.

Dies alles zusammen nun: die steinernen Truhen mit den vielen Menschen, die hohen Steinspalten, die hin- und herziehen wie tausend Flüsse, die Menschen darin, das Lärmen und Tosen, der schwarze Sand und Rauch über allem, ohne einen Baum, ohne Himmelsblau, ohne klare Luft und Wolken – dies alles ist das, was der Papalagi eine »Stadt« nennt. Seine Schöpfung, auf die er sehr stolz ist. Obgleich hier Menschen leben, die nie einen Baum, nie einen Wald, nie einen freien Himmel, nie den großen Geist von Angesicht zu Angesicht sahen. Menschen, die leben wie die Kriechtiere in der Lagune, die unter den Korallen hausen, obgleich diese noch das klare Meerwasser umspült und die Sonne doch hindurchdringt mit ihrem warmen Munde. Ist der Papalagi stolz auf die Steine, die er zusammentrug? Ich weiß es nicht. Der Papalagi ist ein Mensch mit besonderen Sinnen. Er tut vieles, das keinen Sinn hat und ihn krank macht, trotzdem preist er es und singt sich selber ein schönes Lied darauf.

Die Stadt ist also dies, wovon ich sprach. Es gibt aber viele Städte, kleine und große. Die größten sind solche, wo die höchsten Häuptlinge eines Landes wohnen. Alle Städte liegen verstreut wie unsere Inseln im Meere. Sie liegen oft nur einen Badeweg, oft aber eine Tagesreise weit auseinander. Alle Steininseln sind miteinander verbunden durch gekennzeichnete Pfade. Du kannst aber auch mit einem Landschiff fahren, das dünn und lang ist wie ein Wurm, das ständig Rauch ausspeit und auf langen Eisenfäden sehr schnell gleitet, schneller wie ein Zwölfsitzerboot in voller Fahrt. Willst du aber deinem Freund auf einer anderen Insel nur ein Talofa[4] zurufen, so brauchst du nicht zu ihm zu gehen oder zu gleiten. – Du bläst deine Worte in metallene Fäden, die wie lange Lianen von einer Steininsel zur anderen gehen. Schneller als ein Vogel fliegen kann, kommen sie an den Ort, den du bestimmt hast.

Zwischen allen Steininseln ist das eigentliche Land, ist das, was man Europa nennt. Hier ist das Land teilweise schön und fruchtbar wie bei uns. Es hat Bäume, Flüsse und Wälder, und hier gibt es auch kleine richtige Dörfer. Sind die Hütten dann auch aus Stein, so sind sie doch vielfach mit fruchttragenden Bäumen

4 Samoanischer Gruß. – Wörtlich übersetzt: Ich liebe dich.

umgeben, der Regen kann sie von allen Seiten waschen und der Wind sie wieder trocknen.

In diesen Dörfern leben andere Menschen mit anderen Sinnen als in der Stadt. Man nennt sie die Landmenschen. Sie haben gröbere Hände und schmutzigere Lendentücher als die Spaltenmenschen, obgleich sie vielmehr zu essen haben als diese. Ihr Leben ist viel gesünder und schöner als das der Spaltenmenschen. Aber sie selber glauben es nicht und beneiden jene, die sie Nichtstuer nennen, weil sie nicht auch in die Erde fassen und Früchte hinein- und herauslegen. Sie leben in Feindschaft mit ihnen, denn sie müssen ihnen Nahrung geben von ihrem Lande, müssen die Früchte abpflücken, die der Spaltenmensch ißt, müssen das Vieh hüten und aufziehen, bis es fett ist, und auch hiervon ihm die Hälfte abgeben. Jedenfalls haben sie viele Mühe davon, für alle die Spaltenmenschen das Essen aufzutreiben, und sie sehen es nicht recht ein, warum diese schönere Lendentücher tragen als sie selber und schönere weiße Hände haben und nicht in der Sonne viel schwitzen und im Regen viel frieren müssen wie sie.

Den Spaltenmensch kümmert dies aber sehr wenig. Er ist überzeugt, daß er höhere Rechte hat als der Landmensch und seine Werke mehr Wert haben als Früchte in die Erde legen oder herausheben. Dieser Streit zwischen beiden Parteien ist nun auch nicht so, daß es zwischen ihnen zum Krieg kommt. Im allgemeinen findet der Papalagi, ob er zwischen Spalten lebt oder auf dem Lande, alles gut, wie es ist. Der Landmensch bewundert das Reich des Spaltenmensches, wenn er hineinkommt, und der Spaltenmensch singt und gurgelt hohe Töne, wenn er durch die Dörfer des Landmenschen zieht. Der Spaltenmensch läßt den Landmenschen Schweine künstlich fett machen, dieser den Spaltenmenschen seine Steintruhen bauen und lieben.

Wir aber, die wir freie Kinder der Sonne und die Lichts sind, wollen dem großen Geiste treu bleiben und ihm nicht das Herz mit Steinen beschweren. Nur verirrte, kranke Menschen, die Gottes Hand nicht mehr halten, können zwischen Steinspalten ohne Sonne, Licht und Wind glücklich leben. Gönnen wir dem Papalagi sein zweifelhaftes Glück, aber zertrümmern wir ihm jeden Versuch, auch an unseren sonnigen Gestaden Steintruhen aufzurichten und die Menschenfreude zu töten mit Stein, Spalten, Schmutz, Lärm, Rauch und Sand, wie es sein Sinn und Ziel ist.

# Vom runden Metall
# und
# schweren Papier

Vernunftvolle Brüder, horcht gläubig auf und seid glücklich, daß ihr das Auge nicht kennt und die Schrecken des Weißen. – Ihr alle könnt mir bezeugen, daß der Missionar sagt, Gott sei die Liebe. Ein rechter Christ täte gut, sich immer das Bild der Liebe vor Augen zu halten. Dem großen Gott allein gälte darum auch die Anbetung des Weißen. Er hat uns belogen, betrogen, der Papalagi hat ihn bestochen, daß er uns täusche mit den Worten des großen Geistes. Denn das runde Metall und das schwere Papier, das sie Geld nennen, das ist die wahre Gottheit der Weißen.

Sprich einem Europäer vom Gott der Liebe – er verzieht sein Gesicht und lächelt. Lächelt über die Einfalt deines Denkens. Reich ihm aber ein blankes, rundes Stück Metall oder ein großes, schweres Papier – alsogleich leuchten seine Augen, und viel Speichel tritt auf seine Lippen. Geld ist seine Liebe, Geld ist seine Gottheit. Sie alle die Weißen denken daran, auch wenn sie schlafen. Es gibt viele, deren Hände sind krumm geworden und gleichen in ihrer Haltung den Beinen der großen Waldameise vom vielen Greifen nach dem Metall und Papier. Es gibt viele, deren Augen sind blind geworden vom Zählen ihres Geldes. Es gibt viele, die haben ihre Freude hingegeben um Geld, ihr Lachen, ihre Ehre, ihr Gewissen, ihr Glück, ja Weib und Kind. Fast alle geben ihre Gesundheit dafür hin. Um das runde Metall und das schwere Papier. Sie schleppen es in ihren Lendentüchern zwischen zusammengefalteten harten Häuten. Sie legen es nachts unter ihre Schlafrolle, damit es ihnen niemand nehme. Sie denken täglich, stündlich, sie denken in allen Augenblicken daran. Alle, alle! Auch die Kinder! Sie müssen, sollen daran denken. Es wird sie von der Mutter so gelehrt, und sie sehen es vom Vater. Alle Europäer! Wenn du in den Steinspalten Siamanis[1] gehst, so hörst du jeden Augenblick einen Ruf: Mark! Und wieder der Ruf: Mark! Du hörst ihn überall. Es ist der Name für das blanke Metall und schwere Papier. In Falani[2] – Frank, in Peletania[3] – Shilling, in Italia[4] – Lire. Mark, Frank, Shilling, Lire – dies ist alles dasselbe. Alles dies heißt Geld, Geld, Geld. Das Geld allein ist der wahre Gott des Papalagi, so dies Gott ist, was wir am höchsten verehren.

Es ist dir aber auch in den Ländern des Weißen nicht möglich, auch nur einmal von Sonnenaufgang bis -untergang ohne Geld zu sein. Du würdest deinen Hunger und Durst nicht stillen können, du würdest keine Matte finden zur Nacht. Man würde dich ins

1 Deutschland.
2 Frankreich.
3 England.
4 Italien.

Fale pui pui[5] stecken und dich in den vielen Papieren[6] ausrufen, weil du kein Geld hast. Du mußt zahlen, das heißt Geld hingeben, für den Boden, auf dem du wandelst, für den Platz, auf dem deine Hütte steht, für deine Matte zur Nacht, für das Licht, das deine Hütte erhellt. Dafür daß du eine Taube schießen darfst oder deinen Leib im Flusse baden. Willst du dorthin gehen, wo die Menschen Freude haben, wo sie singen oder tanzen, oder willst du deinen Bruder um einen Rat fragen – du mußt viel rundes Metall und schweres Papier hingeben. Du mußt zahlen für alles. Überall steht dein Bruder und hält die Hand auf, und er verachtet dich oder zornt dich an, wenn du nichts hineintust. Und dein demütiges Lächeln und freundlichster Blick hilft dir nichts, sein Herz weich zu machen. Er wird seinen Rachen weit aufsperren und dich anschreien: »Elender! Vagabund! Tagedieb!« Das alles bedeutet das gleiche und ist die größte Schmach, die einem widerfahren kann. Ja selbst für deine Geburt mußt du zahlen, daß du gestorben bist, auch dafür, daß man deinen Leib in die Erde gibt, wie für den großen Stein, den man zu deinem Gedenken auf dein Grab rollt.

Ich habe nur eines gefunden, für das in Europa noch kein Geld erhoben wird, das jeder betätigen kann, soviel er will: das Luftnehmen. Doch ich möchte glauben, daß dies nur vergessen ist, und ich stehe

5 Gefängnis.
6 Zeitungen.

nicht an zu behaupten, daß, wenn man diese meine Worte in Europa hören könnte, augenblicklich auch dafür das runde Metall und schwere Papier erhoben würde. Denn alle Europäer suchen immer nach neuen Gründen, Geld zu verlangen.

Ohne Geld bist du in Europa ein Mann ohne Kopf, ein Mann ohne Glieder. Ein Nichts. Du mußt Geld haben. Du brauchst das Geld wie das Essen, Trinken und Schlafen. Je mehr Geld du hast, desto besser ist dein Leben. Wenn du Geld hast, kannst du Tabak dafür haben, Ringe oder schöne Lendentücher. Du kannst so viel Tabak, Ringe oder Lendentücher haben, als du Geld hast. Hast du viel Geld, kannst du viel haben. Jeder möchte viel haben. Darum will auch jeder viel Geld haben. Und jeder mehr als der andere. Darum die Gierde danach und das Wachsein der Augen auf Geld zu jeder Stunde. Werfe ein rundes Metall in den Sand, die Kinder stürzen sich darüber, kämpfen darum, und wer es greift und hat, ist der Sieger, ist glücklich. – Man wirft aber selten Geld in den Sand.

Woher kommt das Geld? Wie kannst du viel Geld bekommen? O auf vielerlei, auf leichte und schwere Weise. Wenn du deinem Bruder das Haar abschlägst, wenn du ihm den Unrat vor seiner Hütte forträgst, wenn du ein Canoe über das Wasser lenkst, wenn du einen starken Gedanken hast. – Ja, es muß der Gerechtigkeit wegen gesagt sein: Wenn auch alles viel schweres Papier und rundes Metall erfordert, leicht kannst du auch für alles solches bekommen. Du brauchst nur ein Tun zu machen, was sie in Europa »Arbeiten« nennen. »Arbeite, dann hast du Geld« heißt eine Sittenregel in Europa.

Dabei herrscht nun eine große Ungerechtigkeit, über die der Papalagi nicht nachdenkt, nicht nachdenken will, weil er seine Ungerechtigkeit dann einsehen müßte. Nicht alle, welche Geld haben, arbeiten auch viel. (Ja, alle möchten viel Geld haben, ohne zu arbeiten.) Und das kommt so: Wenn ein Weißer so viel Geld verdient, daß er sein Essen hat, seine Hütte und Matte und darüber hinaus noch etwas mehr, läßt er sofort für das Geld, was er mehr hat, seinen Bruder arbeiten. Für sich. Er gibt ihm zunächst die Arbeit, welche seine eigenen Hände schmutzig und hart gemacht hat. Er läßt ihn den Kot forttragen, den er selber verursacht hat. Ist er ein Weib, so nimmt es sich ein Mädchen als seine Arbeiterin. Es muß ihm die schmutzige Matte reinigen, die Kochgeschirre und Fußhäute, es muß die zerrissenen Lendentücher wieder heilen und darf nichts tun, was ihm nicht dient. Nun hat er oder sie Zeit für größere, stärkere und fröhlichere Arbeit, bei der die Hände sauberer bleiben und die Muskeln froher und – für die mehr Geld bezahlt wird. Ist er ein Bootsbauer, so muß ihm der andere helfen, Boote zu bauen. Von dem Gelde, das dieser durch das Helfen macht und daher eigentlich ganz haben sollte, nimmt er ihm einen Teil ab, den größten,

und sobald er nur kann, läßt er zwei Brüder für sich arbeiten, dann drei, immer mehr müssen für ihn Boote bauen, schließlich hundert und noch mehr. Bis er gar nichts mehr tut als auf der Matte liegen, europäische Kava trinken und Rauchrollen verbrennen, die fertigen Boote abgeben und sich das Metall und Papier bringen lassen, das andere für ihn erarbeiteten. – Dann sagen die Menschen: Er ist reich. Sie beneiden ihn und geben ihm viele Schmeicheleien und klingende Wohlreden. Denn das Gewicht eines Mannes in der weißen Welt ist nicht sein Adel oder sein Mut oder der Glanz seiner Sinne, sondern die Menge seines Geldes, wieviel er davon an jedem Tage machen kann, wieviel er in seiner dicken eisernen Truhe, die kein Erdbeben zerstören kann, verschlossen hält.

Es gibt viele Weiße, die häufen das Geld auf, welches andere für sie gemacht haben, bringen es an einen Ort, der gut behütet ist, bringen immer mehr dahin, bis sie eines Tages auch keine Arbeiter mehr für sich brauchen, denn nun arbeitet das Geld selbst für sie. Wie dies möglich ist, ohne eine wilde Zauberei, habe ich nie ganz erfahren, aber es ist in Wahrheit so, daß das Geld immer mehr wird, wie Blätter an einem Baum, und daß der Mann reicher wird, selbst wenn er schläft.

Wenn nun einer viel Geld hat, viel mehr als die meisten Menschen, so viel, daß hundert, ja tausend Menschen sich ihre Arbeit damit leicht machen könnten –

er gibt ihnen nichts: er legt seine Hände um das runde Metall und setzt sich auf das schwere Papier mit Gier und Wollust in seinen Augen. Und wenn du ihn fragst: »Was willst du mit deinem vielen Gelde machen? Du kannst hier auf Erden doch nicht viel mehr als dich kleiden, deinen Hunger und Durst stillen?« – so weiß er dir nichts zu antworten, oder er sagt: »Ich will noch mehr Geld machen. Immer mehr. Und noch mehr.« Und du erkennst bald, daß das Geld ihn krank gemacht hat, daß alle seine Sinne vom Geld besessen sind.

Er ist krank und besessen, weil er seine Seele an das runde Metall und schwere Papier hängt und nie genug haben und nicht aufhören kann, möglichst vieles an sich zu reißen. Er kann nicht so denken: Ich will ohne Beschwerde und Unrecht aus der Welt gehen, wie ich hineingekommen bin; denn der große Geist hat mich auch ohne das runde Metall und schwere Papier auf die Erde geschickt. Daran denken die wenigsten. Die meisten bleiben in ihrer Krankheit, werden nie mehr gesund im Herzen und freuen sich der Macht, die ihnen das viele Geld gibt. Sie schwellen auf in Hochmut wie faule Früchte im Tropenregen. Sie lassen mit Wollust viele ihrer Brüder in roher Arbeit, damit sie selber fett von Leib werden und gut gedeihen. Sie tun dies, ohne daß ihr Gewissen krankt. Sie freuen sich ihrer schönen, bleichen Finger, die nun nie mehr schmutzig werden. Es plagt sie nicht und nimmt ihnen nie den

Schlaf, daß sie dauernd die Kraft anderer rauben und zu ihrer eigenen tun. Sie denken nicht daran, den anderen einen Teil ihres Geldes zu geben, um ihnen die Arbeit leichter zu machen.

So gibt es in Europa eine Hälfte, die muß viel und schmutzig arbeiten, während die andere Hälfte wenig oder gar nicht arbeitet. Jene Hälfte hat keine Zeit, in der Sonne zu sitzen, diese viele. Der Papalagi sagt: Es können nicht alle Menschen gleich viel Geld haben und alle gleichzeitig in der Sonne sitzen. Aus dieser Lehre nimmt er sich das Recht, grausam zu sein, um des Geldes willen. Sein Herz ist hart und sein Blut kalt, ja er heuchelt, er lügt, er ist immer unehrlich und gefährlich, wenn seine Hand nach dem Gelde greift. Wie oft erschlägt ein Papalagi den anderen um des Geldes willen. Oder er tötet ihn mit dem Gift seiner Worte, er betäubt ihn damit, um ihn auszurauben. Daher traut auch selten einer dem anderen, denn alle wissen von ihrer großen Schwäche. Nie weißt du daher auch, ob ein Mann, der viel Geld hat, gut im Herzen ist; denn er kann wohl sehr schlecht sein. Wir wissen nie, wie und woher einer seine Schätze genommen hat.

Dafür weiß aber der reiche Mann auch nicht, ob die Ehre, die man ihm darbietet, ihm selber oder nur seinem Gelde gilt. Sie gilt zumeist seinem Gelde. Deshalb begreife ich auch nicht, warum die sich so sehr schämen, die da nicht viel rundes Metall und schweres Papier haben und den reichen Mann beneiden, statt sich beneiden zu lassen. Denn wie es nicht gut ist und unfein, sich mit einer großen Last Muschelketten zu behängen, so auch nicht mit der schweren Last des Geldes. Es nimmt dem Menschen den Atem und seinen Gliedern die rechte Freiheit.

Aber kein Papalagi will auf sein Geld verzichten. Keiner. Wer das Geld nicht liebt, wird belächelt, ist valea[7]. »Reichtum – das ist viel Geld haben – macht glücklich«, sagt der Papalagi. Und: »Das Land, das am meisten Geld hat, ist das glücklichste.«

Wir alle, ihr lichten Brüder, sind arm. Unser Land ist das ärmste unter der Sonne. Wir haben nicht soviel rundes Metall und schweres Papier, um eine Truhe damit zu füllen. Wir sind armselige Bettler im Denken des Papalagi. Und doch! Wenn ich eure Augen sehe und vergleiche sie mit denen der reichen Alii, so finde ich die ihren matt, welk und müde, eure aber strahlen wie das große Licht, strahlen in Freude, Kraft, Leben und Gesundheit. Eure Augen habe ich nur bei den Kindern des Papalagi gefunden, ehe sie sprechen konnten, denn bis dahin wußten auch sie nichts vom Gelde. Wie hat uns der große Geist bevorzugt, daß er uns vor dem Aitu schützte. Das Geld ist ein Aitu; denn alles, was er tut, ist schlecht und macht schlecht. Wer das Geld nur berührt, ist in seinem Zauber gefangen, und wer es liebt, der muß ihm dienen und ihm seine

7 dumm.

Kräfte und alle Freuden geben, solange er lebt. Lieben wir unsere edlen Sitten, die den Mann verachten, der etwas für eine Gastlichkeit, der für jede gereichte Frucht ein Alofa[8] fordert. Lieben wir unsere Sitten, die es nicht dulden, daß einer viel mehr hat als der andere oder einer sehr vieles und der andere gar nichts. Damit wir nicht im Herzen werden wie der Papalagi, der glücklich und heiter sein kann, auch wenn sein Bruder neben ihm traurig und unglücklich ist.

Hüten wir uns aber vor allem vor dem Gelde. Der Papalagi hält nun auch uns das runde Metall und schwere Papier entgegen, uns lüstern danach zu machen. Es sollte uns reicher und glücklicher machen. Schon sind viele von uns geblendet und in die schwere Krankheit geraten. Doch wenn ihr den Worten eures demütigen Bruders glaubt und wißt, daß ich die Wahrheit spreche, wenn ich euch sage, daß das Geld nie froher und glücklicher macht, wohl aber das Herz und den ganzen Menschen in arge Wirrnis bringt, daß man mit Geld nie einem Menschen wirklich helfen, ihn froher, stärker und glücklicher machen kann – so werdet ihr das runde Metall und schwere Papier hassen als eueren schwersten Feind.

8 Geschenk, Gegengabe.

# Die vielen Dinge machen den Papalagi arm

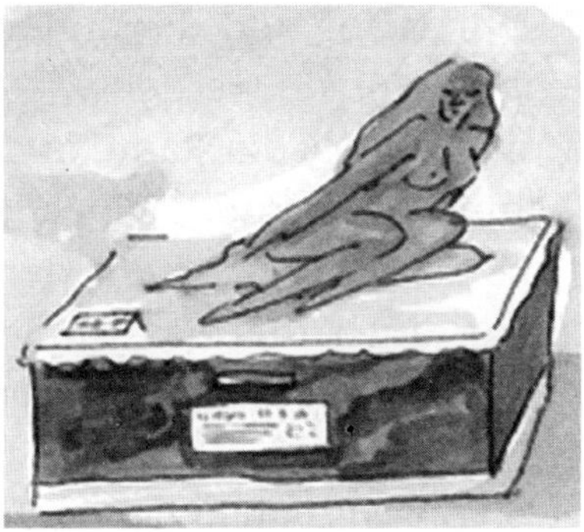

Und auch daran erkennt ihr den Papalagi, daß er uns einreden will, wir seien arm und elend und brauchen viele Hilfe und Mitleid, weil wir keine Dinge haben.

Laßt euch von mir berichten, ihr lieben Brüder der vielen Inseln, was dies ist, ein Ding. – Die Kokosnuß ist ein Ding, der Fliegenwedel, das Lendentuch, die Muschel, der Fingerring, die Essensschale, der Kopfschmuck, alles dies sind Dinge. Es gibt aber zweierlei Dinge: Es gibt Dinge, die der große Geist macht, ohne daß wir es sehen, und die uns Menschen keinerlei Mühe und Arbeit kosten, wie die Kokosnuß, die Muschel, die Banane – und es gibt Dinge, die die Menschen machen, die viele Mühe und Arbeit kosten, wie der Fingerring, die Essensschale oder die Fliegenwedel. Der Alii meint also die Dinge, welche er selbst mit seinen Händen macht, die Menschendinge, sie fehlen uns; denn die Dinge des großen Geistes kann er doch nie meinen. Ja, wer ist reicher und wer hat mehr Dinge des großen Geistes als wir? – Werft eure Augen in die Runde, bis in die Weite, wo der Erdrand das große blaue Gewölbe trägt. Alles ist voll der großen Dinge: der Urwald mit seinen wilden Tauben, den Kolibris und Papageien, die Lagune mit ihren Seegurken, Muscheln und Langusten und anderem Wassergetier, der Strand mit seinem hellen Wasser, das zornen kann wie ein Krieger und lächeln wie eine Taopou, das große blaue Gewölbe, das sich wandelt zu jeder Stunde und große Blüten trägt, die uns goldenes und silbernes Licht bringen. – Was sollen wir töricht sein und noch viele Dinge zu diesen Dingen machen, neben diesen erhabenen Dingen des großen Geistes? Wir können es ihm doch nie gleich tun, denn unser Geist ist viel zu klein und schwach gegen die Macht des großen Geistes, und auch unsere Hand ist viel zu schwach gegen seine mächtige, große Hand. Alles, was wir machen können, ist nur gering und nicht viel wert, darüber zu sprechen. Wir können unseren Arm verlängern durch eine Keule, wir können unsere hohle Hand vergrößern durch eine Tanoa[1]; aber noch kein Samoaner und auch kein Papalagi hat je eine Palme gemacht oder den Strunk einer Kava.

Der Papalagi glaubt freilich, er könne solche Dinge bereiten, er sei stark wie der große Geist. Und tausend und tausend Hände tun darum nichts anderes vom Sonnenaufgang bis zum -untergang als Dinge bereiten. Menschendinge, deren Zweck wir nicht kennen und deren Schönheit wir nicht wissen. Und auf immer mehr und immer neue Dinge sinnt der Papalagi. Sei-

1 Eine vielbeinige Holzschale, in der das Nationalgetränk bereitet wird.

ne Hände fiebern, sein Gesicht wird grau wie Asche und sein Rücken gebogen, aber er leuchtet in Glück, wenn ihm ein neues Ding gelingt. Und alsogleich wollen alle das neue Ding haben, und sie beten es an, stellen es vor sich hin und besingen das Ding in ihrer Sprache.

O ihr Brüder, wenn ihr mir doch zu glauben vermöchtet: Ich bin hinter die Gedanken des Papalagi gekommen und habe seinen Willen gesehen, als beleuchte ihn die Sonne zur Mittagsstunde. Weil er des großen Geistes Dinge zertrümmert, wo er hinkommt, will er das, was er tötet, wieder lebendig machen aus eigener Kraft, und dabei macht er sich selber glauben, er selbst sei der große Geist, weil er die vielen Dinge macht.

Brüder, denkt euch, in nächster Stunde käme der große Sturm und risse den Urwald und seine Berge fort, mit allem Laub und Bäumen, er nähme mit sich fort alle Muscheln und alles Getier der Lagune und es gäbe nicht eine Hibiskusblume mehr, mit der unsere Mädchen ihre Haare schmücken könnten – alles, alles, was wir sehen, verschwände, und es bliebe nichts als der Sand, und die Erde gliche einer flachen ausgestreckten Hand oder einem Hügel, über den glühende Lava floß – wie würden wir wehklagen nach der Palme, der Muschel, dem Urwalde, nach allem. –

Wo die vielen Hütten der Papalagi stehen, welche Stellen sie Städte nennen, ist aber auch das Land so öde wie eine flache Hand, und darum auch ward der Papalagi irre und spielt den großen Geist, damit er vergessen kann, was er nicht hat. Weil er so arm ist und sein Land so traurig, greift er nach den Dingen, sammelt sie, wie der Narr welke Blätter sammelt, und überfüllt seine Hütte damit. Darum aber beneidet er auch uns und wünscht, daß auch wir arm würden wie er selber.

Es ist eine große Armut, wenn der Mensch viele Dinge braucht; denn er beweist damit, daß er arm ist an Dingen des großen Geistes. Der Papalagi ist arm, denn er ist besessen auf das Ding. Er kann ohne das Ding nicht mehr leben. Wenn er sich aus dem Rücken der Schildkröte ein Werkzeug macht, seine Haare zu glätten, wenn er Öl aufgetragen hat, macht er noch eine Haut für das Werkzeug, für die Haut eine kleine Truhe, für die kleine Truhe noch eine große Truhe. Er tut alles in Häute und Truhen. Es gibt Truhen für Lendentücher, für Obertücher und Untertücher, für Waschtücher, Mundtücher und andere Tücher, Truhen für die Handhäute und Fußhäute, für das runde Metall und schwere Papier, für die Essensvorräte und für das heilige Buch, für alles und alles. Er macht aus allen Dingen, wo eines genügt, viele Dinge. Gehst du in ein europäisches Kochhaus, so siehst du so viele Essensschalen und Kochwerkzeuge, wie nie gebraucht werden. Und für jedes Essen gibt es eine andere Tanoa, für das Wasser eine andere als für die europäische Kawa, für die Kokosnuß eine andere als für die Taube.

Eine europäische Hütte hat so viele Dinge, daß, wenn auch jeder Mann eines Samoadorfes seine Hände und Arme beladen würde, doch nicht das ganze Dorf genügte, sie alle davonzutragen. In einer einzigen Hütte sind so viele Dinge, daß viele weiße Häuptlinge viele Männer und Frauen brauchen, die nichts tun, als diese Dinge dahin zu stellen, wo sie gehören, und sie vom Sande zu reinigen.

Und selbst die höchste Taopou gibt viele Zeit daran, alle ihre vielen Dinge zu zählen, zu rücken und zu reinigen.

Brüder, ihr wißt, ich lüge nicht und sage euch alles, wie ich es in Wahrheit erschaut, ohne daß ich hinzutue oder abnehme. So glaubt mir, daß es in Europa Menschen gibt, die sich das Feuerrohr an die eigene Stirn halten und sich töten, weil sie lieber nicht leben wollen als ohne Dinge. Denn der Papalagi berauscht auf vielfache Weise seinen Geist, und so redet er sich auch ein, er könne nicht ohne die Dinge sein, wie kein Mensch sein kann ohne ein Essen.

Ich habe darum auch nie in Europa eine Hütte gefunden, wo ich gut auf der Matte lagern konnte, wo nichts meine Glieder beim Ausstrecken störte. Alle Dinge sandten Blitze oder schrien laut mit dem Mund ihrer Farbe, so daß ich meine Augen nicht schließen konnte. Nie konnte ich rechte Ruhe finden, und nie sehnte ich mich mehr nach meiner Hütte in Samoa, worin keine Dinge sind als meine Matten und die Schlafrolle, wo nichts zu mir kommt als der milde Passat des Meeres.

Wer wenig Dinge hat, nennt sich arm und trauert. Es gibt keinen Papalagi, der singt und frohe Augen macht, wenn er auch nichts als seine Matte und Essensschüssel hat wie jeder von uns. Die Männer und Frauen der weißen Welt würden in unseren Hütten wehklagen, sie würden eilen, Holz aus dem Wald zu holen und das Gehäuse der Schildkröte, Glas, Draht und bunte Steine und noch viel mehr, und würden vom Morgen bis zur Nacht ihre Hände bewegen, so lange, bis ihr Samoahaus sich gefüllt hätte mit kleinen und großen Dingen. Dinge, die alle leicht zerfallen, die jedes Feuer und jeder große Tropenregen zerstören kann, daß immer neue gemacht werden müssen.

Je mehr einer ein rechter Europäer ist, desto mehr Dinge gebraucht er. Darum ruhen die Hände des Papalagi nie im Machen von Dingen. Deshalb sind die Gesichter der Weißen oft so müde und traurig, und darum kommen auch nur die wenigsten unter ihnen dazu, die Dinge des großen Geistes zu sehen, auf dem Dorfplatz zu spielen[2], frohe Lieder zu dichten und zu

2 Die Dorfschaften Samoas kommen oft zusammen, um gemeinsam zu spielen oder sich am Tanze zu erfreuen. Der Tanz wird von Jugend auf gepflegt. Jedes Dorf hat seine Lieder und seinen Dichter. Am Abend ertönt in jeder Hütte Gesang. Er ist wohltönend durch die vokalreiche Sprache, aber auch durch das selten feine Klangempfinden des Insulaners.

singen oder an den Sonntagen im Lichte zu tanzen und sich vielfach ihrer Glieder zu freuen, wie uns allen bestimmt ist. Sie müssen Dinge machen. Sie müssen ihre Dinge behüten. Die Dinge hängen sich an sie und bekriechen sie wie die kleine Sandameise. Sie begehen kalten Herzens alle Verbrechen, um zu den Dingen zu kommen. Sie bekriegen einander, nicht um der Mannesehre halber oder um ihre wirkliche Kraft zu messen, allein um der Dinge willen.

Trotzdem – sie alle wissen um die große Armut ihres Lebens, sonst würde es nicht so viele Papalagi geben, die große Ehren genießen, weil sie ihr Leben mit nichts anderem zubringen, als Haare in bunte Säfte zu tauchen und damit schöne Spiegelbilder auf weiße Matten zu werfen. Sie schreiben alle schönen Gottesdinge auf, so bunt und herzlich froh, als sie es nur vermögen. Sie formen auch Menschen aus weicher Erde, ohne Lendentücher, Mädchen mit der schönen, freien Bewegung der Taopou von Matautu[3] oder Männergestalten, die Keulen schwingen, den Bogen spannen oder der wilden Taube im Walde nachspähen. Menschen aus Erde, denen der Papalagi besondere große Festhütten baut, wohin die Leute von weit her kommen, um ihre Helligkeit und Schönheit zu genießen. Sie stehen davor, dicht in ihre vielen Lendentücher gehüllt, und erschauern. Ich habe den

3 Dorf bei Upolu.

Papalagi weinen sehen vor Freude an solcher Schönheit, die er selber verloren hat.

Nun möchten die weißen Menschen uns ihre Schätze bringen, damit auch wir reich sein sollen – ihre Dinge. Aber diese Dinge sind nichts als giftige Pfeile, an denen der stirbt, in dessen Brust sie hangen. »Wir müssen ihnen Bedürfnisse aufzwingen«, hörte ich einen Mann sagen, der unser Land gut kennt. Bedürfnisse – das sind Dinge. »Dann werden sie arbeitswilliger sein«, sagte der kluge Mann weiter. Und er meinte, wir sollten auch die Kräfte unserer Hände dazu geben, Dinge zu machen, Dinge für uns, in erster Linie aber für den Papalagi. Auch wir sollen müde, grau und gebeugt werden.

Brüder der vielen Inseln, wir müssen wach sein und helle Sinne haben, denn die Worte des Papalagi scheinen süße Bananen, aber sie sind voll heimlicher Speere, die alles Licht und alle Freude in uns töten möchten. Vergessen wir nie, daß wir nur wenige Dinge brauchen außer den Dingen des großen Geistes. Er hat uns die Augen gegeben, seine Dinge zu sehen. Und es gehört mehr als ein Menschenleben dazu, sie alle zu sehen. Und es ist nie eine größere Unwahrheit aus dem Munde des weißen Mannes gekommen als die: Des großen Geistes Dinge seien ohne Nutzen und seine eigenen Dinge hätten viel Nutzen, hätten mehr Nutzen. – Ihre eigenen Dinge, die so groß sind an Zahl, die blitzen und funkeln und vielfach liebäugeln und für sich werben, haben noch keinen Papalagi schöner von Leib gemacht, seine Augen nicht leuchtender und seine Sinne nicht stärker. Also nützen seine Dinge auch nichts, und also ist das, was er sagt und uns aufdrängen will, schlechten Geistes und sein Denken mit Gift getränkt.

# Der Papalagi hat keine Zeit

Der Papalagi liebt das runde Metall und das schwere Papier, er liebt es, viel Flüssigkeit von getöteter Frucht und Fleisch von Schwein und Rind und anderen schrecklichen Tieren in seinen Bauch zu tun, er liebt vor allem auch das, was sich nicht greifen läßt und das doch da ist – die Zeit. Er macht viel Wesens und alberne Rederei darum. Obwohl nie mehr davon vorhanden ist, als zwischen Sonnenaufgang und -untergang hineingeht, ist es ihm doch nie genug.

Der Papalagi ist immer unzufrieden mit seiner Zeit, und er klagt den großen Geist dafür an, daß er nicht mehr gegeben hat. Ja er lästert Gott und seine große Weisheit, indem er jeden neuen Tag nach einem ganz gewissen Plane teilt und zerteilt. Er zerschneidet ihn geradeso, als führe man kreuzweise mit einem Buschmesser durch eine weiche Kokosnuß. Alle Teile haben ihren Namen: Sekunde, Minute, Stunde. Die Sekunde ist kleiner als die Minute, diese kleiner als die Stunde; alle zusammen machen die Stunden, und man muß sechzig Minuten und noch vielmehr Sekunden haben, ehe man soviel hat wie eine Stunde.

Das ist eine verschlungene Sache, die ich nie ganz verstanden habe, weil es mich übel anmacht, länger als nötig über solcherlei kindische Sachen nachzusinnen. Doch der Papalagi macht ein großes Wissen daraus. Die Männer, die Frauen und selbst die Kinder, die kaum auf den Beinen stehen können, tragen im Lendentuch, an dicke metallene Ketten gebunden und über den Nacken hängend oder mit Lederstreifen ums Handgelenk geschnürt, eine kleine, platte, runde Maschine, von der sie die Zeit ablesen können. Dieses Ablesen ist nicht leicht. Man übt es mit den Kindern, indem man ihnen die Maschine ans Ohr hält, um ihnen Lust zu machen.

Solche Maschine, die sich leicht auf zwei flachen Fingern tragen läßt, sieht in ihrem Bauche aus wie die Maschine im Bauche der großen Schiffe, die ihr ja alle kennt. Es gibt aber auch große und schwere Zeitmaschinen, die stehen im Innern der Hütten oder hängen an den höchsten Hausgiebeln, damit sie weithin gesehen werden können. Wenn nun ein Teil der Zeit herum ist, zeigen kleine Finger auf der Außenseite der Maschine dies an, zugleich schreit sie auf, ein Geist schlägt gegen das Eisen in ihrem Herzen. Ja, es entsteht ein gewaltiges Tosen und Lärmen in einer europäischen Stadt, wenn ein Teil der Zeit herum ist.

Wenn dieses Zeitlärmen ertönt, klagt der Papalagi: »Es ist eine schwere Last, daß wieder eine Stunde herum ist.« Er macht zumeist ein trauriges Gesicht dabei, wie ein Mensch, der ein großes Leid zu tragen hat; obwohl gleich eine ganz frische Stunde herbeikommt.

Ich habe dies nie begriffen, als daß ich eben denke, daß dies eine schwere Krankheit ist. »Die Zeit meidet mich!« – »Die Zeit läuft wie ein Roß!« – »Gib mir doch etwas Zeit.« – Das sind die Klagerufe des weißen Mannes.

Ich sage, dies möchte eine Art Krankheit sein; denn angenommen, der Weiße hat Lust, irgend etwas zu tun, sein Herz verlangt danach, er möchte vielleicht in die Sonne gehen oder auf dem Flusse im Canoe fahren oder sein Mädchen liebhaben, so verdirbt er sich zumeist seine Lust, indem er an dem Gedanken haftet: Mir ward keine Zeit, fröhlich zu sein. Die Zeit wäre da, doch er sieht sie beim besten Willen nicht. Er nennt tausend Dinge, die ihm die Zeit nehmen, hockt sich mürrisch und klagend über seine Arbeit, zu der er keine Lust, an der er keine Freude hat, zu der ihn auch niemand zwingt als er sich selbst. Sieht er dann aber plötzlich, daß er Zeit hat, daß sie doch da ist, oder gibt ihm ein anderer Zeit – die Papalagi geben sich vielfach gegenseitig Zeit, ja, nichts wird so hoch geschätzt als dieses Tun –, so fehlt ihm wieder die Lust, oder er ist müde von der Arbeit ohne Freude. Und regelmäßig will er morgen tun, wozu er heute Zeit hat.

Es gibt Papalagi, die behaupten, sie hätten nie Zeit. Sie laufen kopflos umher, wie vom Aitu[1] Besessene, und wohin sie kommen, machen sie Unheil und

1 Teufel.

Schrecken, weil sie ihre Zeit verloren haben. Diese Besessenheit ist ein schrecklicher Zustand, eine Krankheit, die kein Medizinmann heilen kann, die viele Menschen ansteckt und ins Elend bringt.

Weil jeder Papalagi besessen ist von der Angst um seine Zeit, weiß er auch ganz genau, und nicht nur jeder Mann, sondern auch jede Frau und jedes kleine Kind, wie viele Mond- und Sonnenaufgänge verronnen sind, seit er selber zum ersten Male das große Licht erblickte. Ja dieses spielt eine so ernste Rolle, daß es in gewissen gleichen Zeitabständen gefeiert wird mit Blumen und großen Essensgelagen. Wie oft habe ich verspürt, wie man sich für mich zu schämen müssen glaubte, wenn man mich fragte, wie alt ich sei, und wenn ich lachte und dies nicht wußte. »Du mußt doch wissen, wie alt du bist.« Ich schwieg und dachte: Es ist besser, ich weiß es nicht.

Wie alt sein heißt wie viele Monde gelebt haben. Dieses Zählen und Nachforschen ist voller Gefahr, denn dabei ist erkannt worden, wie viele Monde der meisten Menschen Leben dauert. Ein jeder paßt nun ganz genau auf, und wenn recht viele Monde herum sind, sagt er: »Nun muß ich bald sterben.« Er hat keine Freude mehr und stirbt auch wirklich bald.

Es gibt in Europa nur wenige Menschen, die wirklich Zeit haben. Vielleicht gar keine. Daher rennen auch die meisten durchs Leben wie ein geworfener Stein. Fast alle sehen im Gehen zu Boden und schleudern die Arme weit von sich, um möglichst schnell voranzukommen. Wenn man sie anhält, rufen sie unwillig: »Was mußt du mich stören, ich habe keine Zeit, siehe zu, daß du deine ausnützt.« Sie tun geradeso, als ob ein Mensch, der schnell geht, mehr wert sei und tapferer, als der, welcher langsam geht.

Ich habe einen Mann gesehen, dessen Kopf auseinander barst, der die Augen rollte und das Maul sperrte wie ein sterbender Fisch, der rot und grün wurde und mit Händen und Füßen um sich schlug, weil sein Diener einen Atemzug später kam, als er zu kommen versprochen hatte. Der Atemzug war für ihn ein großer Verlust, der nie zu sühnen war. Der Diener mußte seine Hütte verlassen, der Papalagi verjagte und schalt ihn: »Genug hast du mir Zeit gestohlen. Ein Mensch, der die Zeit nicht achtet, ist ihrer nicht wert.« Nur ein einziges Mal traf ich einen Menschen, der viel Zeit hatte, der nie ihrer klagte; aber der war arm und schmutzig und verworfen. Die Menschen gingen im weiten Bogen um ihn herum, und keiner achtete seiner. Ich begriff solches Tun nicht, denn sein Gehen war ohne Hast, und seine Augen hatten ein stilles, freundliches Lächeln. Als ich ihn fragte, verzerrte sich sein Gesicht, und er sagte traurig: »Ich wußte nie meine Zeit zu nützen, daher bin ich ein armer, mißachteter Tropf.« Dieser Mensch hatte Zeit, doch auch er war nicht glücklich.

Der Papalagi wendet seine ganze Kraft auf und gibt

alle seine Gedanken daran, wie er die Zeit möglichst dick machen könne. Er nutzt das Wasser und Feuer, den Sturm, die Blitze des Himmels, um die Zeit aufzuhalten. Er tut eiserne Räder unter seine Füße und gibt seinen Worten Flügel, um mehr Zeit zu haben. – Und wozu alle diese große Mühe? Was macht der Papalagi mit seiner Zeit? – Ich bin nie recht dahintergekommen, obwohl er immer Worte und Gebärden macht, als ob der große Geist ihn zum Fono geladen hätte.

Ich glaube, die Zeit entschlüpft ihm wie eine Schlange in nasser Hand, gerade weil er sie zu sehr festhält. Er läßt sie nicht zu sich kommen. Er jagt immer mit ausgestreckten Händen hinter ihr her, er gönnt ihr die Ruhe nicht, sich in der Sonne zu lagern. Sie soll immer ganz nahe sein, soll etwas singen und sagen. Die Zeit ist aber still und friedfertig und liebt die Ruhe und das breite Lagern auf der Matte. Der Papalagi hat die Zeit nicht erkannt, er versteht sie nicht, und darum mißhandelt er sie mit seinen rohen Sitten.

O ihr lieben Brüder! Wir haben nie geklagt über die Zeit, wir haben sie geliebt, wie sie kam, sind ihr nie nachgerannt, haben sie nie zusammen- noch auseinanderlegen wollen. Nie ward sie uns zur Not oder zum Verdruß. Der unter uns trete vor, der da keine Zeit hat! Ein jeder von uns hat Zeit die Menge; aber wir sind auch mit ihr zufrieden, wir brauchen nicht mehr Zeit, als wir haben, und haben doch Zeit genug. Wir wissen, daß wir immer noch früh genug zu unserem Ziele kommen und daß uns der große Geist nach seinem Willen abberuft, auch wenn wir die Zahl unserer Monde nicht wissen. Wir müssen den armen, verirrten Papalagi vom Wahn befreien, müssen ihm seine Zeit wiedergeben. Wir müssen ihm seine kleine, runde Zeitmaschine zerschlagen und ihm verkünden, daß von Sonnenaufgang bis -untergang viel mehr Zeit da ist, als ein Mensch gebrauchen kann.

# Der Papalagi hat Gott arm gemacht

Der Papalagi hat eine besondere und höchst verschlungene Art zu denken. Er denkt immer, wie etwas ihm selbst zu Nutzen ist und ihm recht gibt. Er denkt zumeist nur für einen und nicht für alle Menschen. Und dieser eine ist er selbst.

Wenn ein Mann sagt: »Mein Kopf ist mein, und er gehört niemandem anders als mir«, so ist dem so, ist dem wirklich so, und keiner kann einen Einwand dagegen haben. Niemand hat mehr Recht auf seine eigene Hand als der, welcher die Hand hat. Bis hierher gebe ich dem Papalagi recht. Er sagt nun aber auch: Die Palme ist mein. Weil sie gerade vor seiner Hütte steht. Geradeso, als habe er sie selber wachsen lassen. Die Palme ist aber niemals sein. Niemals. Sie ist Gottes Hand, die er aus der Erde uns entgegenstreckt. Gott hat sehr viele Hände. Jeder Baum, jede Blume, jedes Gras, das Meer, der Himmel, die Wolken daran, alles dies sind Hände Gottes. Wir dürfen danach greifen und uns freuen; aber wir dürfen nicht sagen: Gottes Hand ist meine Hand. Das tut aber der Papalagi.

»Lau« heißt in unserer Sprache mein und auch dein; es ist fast ein und dasselbe. In der Sprache der Papalagi gibt es aber kaum ein Wort, das mehr zweierlei bedeutet als dieses Mein und Dein. Mein ist, was nur und allein mir gehört. Dein ist, was nur und alleine dir gehört. Darum sagt der Papalagi für alles, was im Bereiche seiner Hütte steht: Es ist mein. Niemand hat das Recht darüber, außer er selbst. Wo du zum Papalagi kommst und wo du etwas bei ihm siehst, sei es eine Frucht, ein Baum, ein Wasser, ein Wald, ein Häuflein Erde – immer ist irgend jemand nahe, der sagt: »Dies ist mein! Hüte dich, nach dem zu greifen, was mein ist!« Greifst du aber dennoch danach, so schreit er, nennt dich einen Dieb, welches Wort eine große Schande bedeutet, und dies, nur weil du wagtest, ein Mein deines Nächsten zu berühren. Seine Freunde und die Diener der höchsten Häuptlinge eilen herbei, legen dir Ketten an und bringen dich ins Fale pui pui[1], und du bist geächtet für dein ganzes Leben.

Damit nun nicht einer nach des andern Dinge greift, die er als die seinen erklärt hat, wird dieses, was einem gehört und nicht gehört, genau festgelegt durch besondere Gesetze. Und es gibt in Europa Menschen, die nichts tun als darauf achten, daß niemand diese Gesetze übertritt, daß dem Papalagi nichts von dem genommen wird, was er sich selbst genommen hat. Der Papalagi will sich durch dies den Anschein geben, er habe wirklich ein Recht erwirkt, als habe Gott ihm sein Besitztum wirklich für alle Zeiten abgetreten. Als

1 Gefängnis.

gehöre nur ihm wirklich die Palme, der Baum, die Blume, das Meer, der Himmel und seine Wolken darüber.

Der Papalagi muß solche Gesetze machen und solche Hüter für sein vieles Mein haben, damit diejenigen, welche nur wenig oder gar kein Mein haben, ihm nichts von seinem Mein nehmen. Denn wo viele viel an sich nehmen, gibt es viele, die nichts in Händen haben. Nicht jeder weiß die Schliche und geheimen Zeichen, zu vielem Mein zu kommen, und es gehört eine besondere Art Tapferkeit dazu, die sich nicht immer mit dem, was wir Ehre nennen, verträgt. Und es mag wohl sein, daß diejenigen, welche wenig in Händen haben, weil sie Gott nicht kränken und ihm nichts nehmen mögen, die allerbesten der Papalagi sind. Doch es gibt deren sicherlich nicht viele.

Die meisten berauben Gott ohne Scham. Sie kennen es nicht anders. Sie wissen oft gar nicht, daß sie etwas Schlechtes tun; eben weil alle so tun und sich nichts dabei denken und keine Scham empfinden. Mancher bekommt auch sein vieles Mein aus den Händen seines Vaters, zu der Zeit, als er geboren wurde. – Jedenfalls hat Gott fast nichts mehr, die Menschen haben ihm fast alles genommen und zu ihrem Mein und Dein gemacht. Er kann seine Sonne, die für alle bestimmt ist, nicht mehr allen gleich geben, weil einzelne mehr beanspruchen als die anderen. Auf den schönen, großen Sonnenplätzen sitzen oft nur wenige, während die vielen im Schatten kümmerliche Strahlen fangen.

Gott kann keine rechte Freude mehr haben, weil er nicht mehr der höchste Alii sili[2] in seinem großen Haus ist. Der Papalagi verleugnet ihn dadurch, daß er dies sagt: Alles ist mein. Doch so weit denkt er nicht; wenngleich er auch noch so viel denkt. Im Gegenteil, er erklärt sein Tun für ehrlich und rechtlich. Es ist aber unehrlich und unrechtlich vor Gott.

Würde er richtig denken, so müßte er auch wissen, daß uns nichts gehört, was wir nicht festhalten können. Daß wir im Grunde nichts festhalten können. Dann würde er auch einsehen, daß Gott sein großes Haus gab, damit alle darin Platz und Freude haben. Und es wäre wohl auch groß genug und hätte wohl für jeden ein Sonnenfleckchen und eine kleine Freude, und für jeden Menschen wäre wohl ein kleiner Palmenstrand da und ganz sicherlich ein Plätzchen für seine Füße, darauf zu stehen. Wie Gott es will und bestimmt hat. Wie könnte Gott auch nur eines seiner Kinder vergessen haben! Und doch suchen so viele nach dem kleinen Örtchen, das Gott für sie freigelassen hat.

Weil der Papalagi das Gebot Gottes nicht hört und sich seine eigenen Gesetze macht, schickt ihm Gott viele Feinde seines Eigentums. Er schickt ihm die Nässe und Hitze, sein Mein zu zerstören, das Altwerden und das Zerbröckeln und Faulen. Er gibt auch dem

2 Herrscher.

Feuer Macht über seine Schätze und dem Sturm. Vor allem aber legt er in die Seele des Papalagi die Furcht. Das Angsthaben um das, was er sich genommen hat. Des Papalagi Schlaf ist nie ganz tief, denn er muß wach sein, damit ihm zur Nacht nicht fortgetragen wird, was er selber am Tage zusammengetragen hat. Er muß seine Hände und Sinne immer an allen Enden seines Meins haben. Und wie plagt alles Mein ihn stetig und spottet seiner und sagt: Weil du mich von Gott nahmst, deshalb peinige ich dich und mache dir viele Schmerzen.

Aber viel schlimmere Strafe hat Gott dem Papalagi gegeben als seine Furcht. – Er gab ihm den Kampf zwischen denen, die nur ein kleines oder gar kein Mein haben, und denen, die ein großes Mein sich nehmen. Dieser Kampf ist heiß und schwer und geht Tag und Nacht. Es ist der Kampf, den alle leiden; der allen die Freude am Leben zernagt. Die haben, sollen geben, wollen aber nichts geben. Die nichts haben, wollen selber haben, bekommen aber nichts. Auch diese sind selten Gottesstreiter. Sie kamen zunächst nur zu spät zum Raub oder waren zu ungeschickt, oder die Gelegenheit fehlte ihnen. Daß Gott der Beraubte ist, daran denken die allerwenigsten. Und nur ganz selten hört man den Ruf eines gerechten Mannes, alles in Gottes Hände wieder zurückzugeben.

O Brüder, wie denkt ihr über einen Mann, der da eine Hütte hat, groß genug für ein ganzes Samoadorf, und gibt nicht dem Wanderer sein Dach für eine Nacht? Wie denkt ihr über einen Mann, der eine Traube Bananen in Händen hält und gibt dem nicht eine einzige Frucht, der da hungernd darum bittet? – Ich sehe den Zorn in euern Augen und die große Verachtung auf euern Lippen. So denkt: Dies ist das Tun des Papalagi zu jeder Stunde. Und wenn er auch hundert Matten hat, er gibt nicht eine dem, der keine hat. Er macht dem andern eher noch eine Schuld und einen Vorwurf daraus, daß dieser keine hat. Er mag seine Hütte bis unter die höchste Spitze seines Daches voller Essensvorräte haben, viel mehr als er und seine Aiga[2] in Jahren essen kann, er wird nicht suchen gehen nach denen, die nichts zu essen haben, die bleich und hungrig sind. Und es gibt viele Papalagi, die da bleich und hungrig sind.

Die Palme wirft ihre Blätter und Früchte ab, wenn sie reif sind. Der Papalagi lebt so, wie wenn die Palme ihre Blätter und Früchte festhalten wollte: Es sind meine! Ihr dürft sie nicht haben und nichts davon essen! – Wie sollte die Palme neue Früchte tragen können? Die Palme hat viel mehr Weisheit als ein Papalagi.

Auch unter uns gibt es viele, die mehr haben als die anderen, und wir erweisen dem Häuptling Ehre, der da viele Matten und viele Schweine hat. Diese Ehre gilt aber nur ihm alleine und nicht den Matten und

2 Familie.

Gib her den Fisch. Er ist mein.
Fischen verboten!
?

Schweinen. Denn diese gaben wir ihm selber zum Alofa[3], um unsere Freude zu zeigen und seine große Tapferkeit und Klugheit zu loben. Der Papalagi verehrt aber an seinem Bruder die vielen Matten und Schweine, ihn kümmert wenig dessen Tapferkeit und Klugheit. Ein Bruder ohne Matten und ohne Schweine hat nur ganz geringe Ehre oder gar keine.

Da nun die Matten und Schweine nicht selber zu den Armen und Hungrigen kommen können, sieht auch der Papalagi keinen Grund, sie seinen Brüdern zu bringen. Denn er ehrt ja nicht sie, sondern nur ihre Matten und Schweine, und darum behält er sie auch für sich. Würde er seine Brüder lieben und ehren und nicht mit ihnen im Kampf um das Mein und Dein stehen, so würde er ihnen die Matten bringen, damit sie teilhätten an seinem großen Mein. Er würde seine eigene Matte mit ihnen teilen, anstatt sie in die dunkle Nacht hinauszustoßen.

Aber der Papalagi weiß nicht, daß Gott uns die Palme, Banane, den köstlichen Taro, alle Vögel des Waldes und alle Fische des Meeres gab, daß wir alle uns daran freuen und glücklich sein sollen. Nicht aber für nur wenige unter uns, während die anderen darben und Not leiden müssen. Wem Gott viel in seine Hand gab, muß seinem Bruder abgeben, damit nicht die Frucht in seiner Hand faule. Denn Gott reicht allen

3 Geschenk.

Menschen seine vielen Hände; er will nicht, daß einer ungleich mehr hat als der andere oder daß einer sagt: Ich stehe in der Sonne, du gehörst in den Schatten. Wir alle gehören in die Sonne.

Wo Gott alles in seiner gerechten Hand behält, da ist kein Kampf und keine Not. Der listige Papalagi möchte nun auch uns aufschwätzen: Gott gehört nichts! Dir gehört, was du mit Händen halten kannst! – Laßt uns unsere Ohren verschließen vor solcher schwachen Rede und festhalten an dem guten Wissen. Gott gehört alles.

Die verächtlichen Worte Tuiaviis über unsere Eigentumsbegriffe müssen jedem verständlich sein, der weiß, daß die Eingeborenen Samoas in völliger Gütergemeinschaft leben. Den Begriff von mein und dein in unserem Sinne gibt es tatsächlich nicht. Auf allen meinen Reisen hat der Eingeborene stets sein Dach, seine Matte, sein Essen allein in Selbstverständlichkeit mit mir geteilt. Und oft bekam ich von einem Häuptling als seinen ersten Gruß die Worte zu hören: »Was mein ist, ist auch dein.« Der Begriff »stehlen« ist dem Insulaner fremd. Alles gehört allen. Alles gehört Gott.

# Der große Geist ist stärker als die Maschine

Der Papalagi macht viele Dinge, die wir nicht machen können, die wir nie begreifen werden, die für unseren Kopf nichts sind als schwere Steine. Dinge, nach denen wir wenig Begehren haben, die den Schwachen unter uns wohl in Erstarren bringen können und in falsche Demut. Darum laßt uns ohne Scheu die wunderbaren Künste des Papalagi betrachten.

Der Papalagi hat die Kraft, alles zu seinem Speere und zu seiner Keule zu machen. Er nimmt sich den wilden Blitz, das heiße Feuer und das schnelle Wasser und macht sie seinem Willen gefügig. Er sperrt sie ein und gibt ihnen seine Befehle. Sie gehorchen. Sie sind seine stärksten Krieger. Er weiß das große Geheimnis, den wilden Blitz noch schneller und leuchtender zu machen, das heiße Feuer noch heißer, das schnelle Wasser noch schneller. Der Papalagi scheint wirklich der Himmelsdurchbrecher[1] zu sein, der Bote Gottes; denn er beherrscht den Himmel und die Erde nach

1 Papalagi heißt: der Weiße, der Fremde, wörtlich übersetzt aber der Himmelsdurchbrecher. Der erste weiße Missionar, der in Samoa landete, kam in einem Segelboot. Die Eingeborenen hielten das weiße Segelboot aus der Ferne für ein Loch im Himmel, durch das der Weiße zu ihnen kam. – Er durchbrach den Himmel.

seiner Freude. Er ist Fisch und Vogel und Wurm und Roß zugleich. Er bohrt sich in die Erde. Durch die Erde. Unter den breitesten Süßwasserflüssen hindurch. Er schlüpft durch Berge und Felsen. Er bindet sich eiserne Räder unter die Füße und jagt schneller als das schnellste Roß. Er steigt in die Lüfte. Er kann fliegen. Ich sah ihn am Himmel gleiten wie die Seemöwe. Er hat ein großes Canoe, damit auf dem Wasser zu fahren, er hat ein Canoe, um unter dem Meere zu fahren. Er fährt mit einem Canoe von Wolke zu Wolke.

Liebe Brüder, ich lege ein Zeugnis der Wahrheit ab mit meinen Worten, und ihr müßt euerm Knechte glauben, auch wenn euere Sinne Zweifel haben an dem, was ich verkünde. Denn groß und sehr bewundernswert sind die Dinge des Papalagi, und ich fürchte, es möchte viele unter uns geben, die da schwach werden vor solcher Kraft. Und wo sollte ich anfangen, wollte ich euch alles berichten, was mein Auge mit Staunen sah.

Ihr alle kennt das große Canoe, das der Weiße den Dampfer nennt. Ist er nicht wie ein großer, ein gewaltiger Fisch? – Wie ist es nur möglich, daß er schneller von Insel zu Insel fährt, als die stärksten Jünglinge unter uns ein Canoe zu rudern vermögen? Saht ihr die große Schwanzflosse am Ende im Fortbewegen? Sie schlägt und bewegt sich genau wie bei den Fischen in der Lagune. Diese große Flosse treibt das große Canoe weiter. Daß dies möglich ist, ist das große Geheimnis des Papalagi. Dieses Geheimnis ruht im Leibe des großen Fisches. Dort ist die Maschine, die der großen Flosse die große Kraft gibt. Die Maschine, sie ist es, welche die große Kraft in sich birgt. Dies zu sagen, was eine Maschine ist, dazu reicht die Kraft meines Kopfes nicht. Ich weiß nur dies: Sie frißt schwarze Steine und gibt dafür ihre Kraft. Eine Kraft, die nie ein Mensch haben kann.

Die Maschine ist die stärkste Keule des Papalagi. Gib ihm den stärksten Ifibaum des Urwaldes – die Hand der Maschine zerschlägt den Stamm, wie eine Mutter ihren Kindern die Tarofrucht bricht. Die Maschine ist der große Zauberer Europas. Ihre Hand ist stark und nie müde. Wenn sie will, schneidet sie hundert, ja tausend Tanoen an einem Tage. Ich sah sie Lendentücher weben, so fein, so zierlich, wie von den zierlichsten Händen einer Jungfrau gewoben. Sie flocht vom Morgen bis zur Nacht. Sie spie Lendentücher, wohl einen großen Hügel voll. Schmachvoll und ärmlich ist unsere Kraft gegen die gewaltige Kraft der Maschine.

Der Papalagi ist ein Zauberer. Singe ein Lied – er fängt deinen Gesang auf und gibt ihn dir wieder, zu jeder Stunde, da du ihn haben willst. Er hält dir eine Glasplatte entgegen und fängt dein Spiegelbild darauf. Und tausendmal hebt er dein Bild davon ab, soviel du nur davon haben magst.

Doch größere Wunder sah ich als diese. Ich sage

euch, daß der Papalagi die Blitze des Himmels fängt. Dem ist wahrhaftig so. Er fängt sie ein, die Maschine muß sie fressen, zerfressen, und zur Nacht speit sie sie wieder aus in tausend Sternchen, Glühwürmchen und kleinen Monden. Es wäre ihm ein leichtes, unsere Inseln zur Nacht mit Licht zu überschütten, daß sie hell und leuchtend wären wie am Tage.

Oft sendet er die Blitze wieder aus zu seinem Nutzen, er befiehlt ihnen den Weg und gibt ihnen Kunde mit für seine fernen Brüder. Und die Blitze gehorchen und nehmen die Kunde mit sich.

Der Papalagi hat alle seine Glieder stärker gemacht. Seine Hände reichen über Meere und bis zu den Sternen, und seine Füße überholen Wind und Wellen. Sein Ohr hört jedes Flüstern in Savaii, und seine Stimme hat Flügel wie ein Vogel. Sein Auge ist sehend zur Nacht. Er sieht durch dich selber hindurch, als sei dein Fleisch klar wie Wasser, und er sieht jeden Unrat auf dem Grund dieses Wassers.

Dies alles, wovon ich Zeuge war und was ich euch verkünde, ist nur ein kleiner Teil von dem, was mein Auge mit Bewunderung sehen durfte. Und glaubt mir, der Ehrgeiz des Weißen ist groß, immer neue und stärkere Wunder zu vollbringen, und Tausende sitzen eifrig in den Nächten und sinnen, wie sie Gott einen Sieg abringen können. Denn das ist es: Der Papalagi strebt zu Gott. Er möchte den großen Geist zerschlagen und seine Kräfte selber an sich nehmen. Aber noch ist Gott größer und mächtiger als der größte Papalagi und seine Maschine, und noch immer bestimmt er, wer von uns und wann wir sterben sollen. Noch dient die Sonne, das Wasser und Feuer in erster Linie ihm. Und noch hat kein Weißer je den Aufgang des Mondes und die Richtung der Winde nach seinem Willen bestimmt.

Solange dies ist, bedeuten jene Wunder nur wenig. Und schwach ist der unter uns, liebe Brüder, der diesen Wundern des Papalagi unterliegt, der den Weißen anbetet um seiner Werke willen und sich selbst arm und unwürdig erklärt, weil seine Hand und sein Geist nicht ein Gleiches vermögen. Denn sosehr alle Wunder und Fertigkeiten des Papalagi unsere Augen staunend machen können – im klarsten Sonnenlichte betrachtet, bedeuten sie wenig mehr als das Schnitzen einer Keule und das Flechten einer Matte, und alles Tun gleicht nur dem Spielen eines Kindes im Sande. Denn es gibt nichts, das der Weiße gemacht hat und nur im entferntesten den Wundern des großen Geistes gleichkäme.

Herrlich und gewaltig und geschmückt sind die Hütten der hohen Alii, die man Paläste nennt, und schöner noch die hohen Hütten, die Gott zu Ehren errichtet wurden, die oft höher sind als der Gipfel des Tofua[2]. Trotzdem – grob und roh und ohne das war-

2 Ein hoher Berg auf Upolu.

me Blut des Lebens ist dies alles gegen einen jeden Hibiskusstrauch mit seinen feuerbrandigen Blüten, gegen jeden Wipfel einer Palme oder den farben- und formentrunkenen Wald der Korallen. Nie noch spann der Papalagi ein Lendentuch so fein, wie Gott in jeder Spinne spinnt, und nicht eine Maschine ist so fein und kunstvoll wie die kleine Sandameise, die in unserer Hütte lebt.

Der Weiße fliegt zu den Wolken wie ein Vogel, sagte ich euch. Aber die große Seemöwe fliegt doch höher und schneller als der Mensch und bei allen Stürmen, und die Flügel kommen aus ihrem Leibe, während die Flügel des Papalagi nur eine Täuschung sind und leicht brechen und abfallen können.

So haben alle seine Wunder doch eine heimliche unvollkommene Stelle, und es gibt keine Maschine, die nicht ihren Wächter braucht und ihren Antreiber. Und jede birgt in sich einen heimlichen Fluch. Denn wenn auch die starke Hand der Maschine alles macht, sie frißt bei ihrer Arbeit auch die Liebe mit, die ein jedes Ding in sich birgt, das unsere eigenen Hände bereiteten. Was gälte mir ein Canoe und eine Keule von der Maschine geschnitzt, einem blutlosen, kalten Wesen, das nicht von seiner Arbeit sprechen kann, nicht lächeln, wenn sie vollendet, und sie nicht der Mutter und dem Vater bringen kann, damit auch sie sich freuen. Wie soll ich meine Tanoa liebhaben, wie ich sie liebhabe, wenn eine Maschine sie mir jeden Augenblick wieder machen könnte ohne mein Zutun? – Dies ist der große Fluch der Maschine, daß der Papalagi nichts mehr liebhat, weil sie ihm alles alsogleich wiedermachen kann. Er muß sie von seinem eigenen Herzen speisen, um ihre liebeleeren Wunder zu empfangen.

Der große Geist will selber die Kräfte des Himmels und der Erde bestimmen und sie nach seinem Ermessen verteilen. Dies steht niemals den Menschen zu. Nicht ungestraft versucht der Weiße, sich selber zum Fisch und Vogel, zum Roß und Wurm zu machen. Und viel kleiner ist sein Gewinn, als er sich selber zu gestehen wagt. Wenn ich durch ein Dorf reite, komme ich wohl schnell von der Stelle, aber wenn ich wandere, sehe ich mehr, und die Freunde rufen mich in ihre Hütten. Schnell an ein Ziel kommen ist selten ein rechter Gewinn. Der Papalagi will immer schnell ans Ziel. Die meisten seiner Maschinen dienen alleine dem Zwecke, schnell an ein Ziel zu kommen. Ist er am Ziel, so ruft ihn ein neues. So jagt der Papalagi durch sein Leben ohne Ruhe, verlernt immer mehr das Gehen und Wandeln und das fröhliche Sichbewegen auf das Ziel, das uns entgegenkommt, das wir nicht suchen.

Ich sage euch darum: Die Maschine ist ein schönes Spielzeug der weißen großen Kinder, und alle seine Künste dürfen uns nicht schrecken. Noch hat der Papalagi keine Maschine gebaut, die ihn vor dem Tode bewahrt. Er hat noch nichts getan oder gemacht, was größer ist als das, was Gott zu jeder Stunde tut und macht. Alle Maschinen und anderen Künste und Zaubereien haben noch keines Menschen Leben verlängert, haben ihn auch nicht froher und glücklicher gemacht. Halten wir uns darum an die wunderbaren Maschinen und hohen Künste Gottes, und verachten wir, wenn der Weiße Gott spielt.

# Vom Berufe des Papalagi und wie er sich darin verirrt

Jeder Papalagi hat einen Beruf. Es ist schwer zu sagen, was dies ist. Es ist etwas, wozu man viel Lust haben sollte, aber zumeist wenig Lust hat. Einen Beruf haben, das ist: immer ein und dasselbe tun. Etwas so oft tun, daß man es mit geschlossenen Augen und ohne alle Anstrengung tun kann. Wenn ich mit meinen Händen nichts tue als Hütten bauen oder Matten flechten – so ist das Hüttenbauen oder Mattenflechten mein Beruf.

Es gibt männliche und weibliche Berufe. Wäsche in der Lagune waschen und Fußhäute blank machen ist Frauenberuf, ein Schiff über das Meer fahren oder Tauben im Busch schießen ist Mannesberuf. Die Frau gibt ihren Beruf zumeist auf, sobald sie heiratet, der Mann beginnt dann erst, ihn tüchtig zu betreiben. Jeder Alii gibt seine Tochter nur, wenn der Freier einen geübten Beruf hat. Ein berufsloser Papalagi kann nicht heiraten. Jeder weiße Mann soll und muß einen Beruf haben.

Aus diesem Grunde muß jeder Papalagi lange vor der Zeit, da ein Jüngling sich tätowieren läßt, entscheiden, welche Arbeit er sein Leben lang tun will. Man heißt das: seinen Beruf nehmen. Dies ist eine sehr wichtige Sache, und die Aiga spricht ebensoviel davon, als was sie am anderen Tage essen möchte. Nimmt er nun den Beruf des Mattenflechtens, so bringt der alte Alii den jungen Alii zu einem Manne, der auch nichts tut als Matten flechten. Dieser Mann muß dem Jüngling zeigen, wie man eine Matte flicht. Er muß ihn lehren, eine Matte so zu machen, daß er sie macht, ohne hinzuschauen.

Dies geht oft eine lange Zeit, sobald er das aber kann, geht er von dem Manne wieder fort, und man sagt nun: Er hat einen Beruf.

Wenn nun der Papalagi später einsieht, daß er lieber Hütten bauen als Matten flechten würde, sagt man: Er hat seinen Beruf verfehlt; das heißt soviel wie: Er hat vorbeigeschossen. Dies ist ein großer Schmerz; denn es ist gegen die Sitte, nun einfach einen anderen Beruf zu nehmen. Es ist gegen die Ehre eines rechten Papalagi zu sagen: Ich kann dies nicht – ich habe keine Lust dazu; oder: Meine Hände wollen mir dazu nicht gehorchen.

Der Papalagi hat so viele Berufe, wie Steine in der Lagune liegen. Aus allem Tun macht er einen Beruf. Wenn jemand die welken Blätter des Brotfruchtbaumes aufsammelt, so pflegt er einen Beruf. Wenn einer Essensgeschirr reinigt, so ist auch dies ein Beruf. Alles ist ein Beruf, wo etwas getan wird. Mit den Händen oder dem Kopfe. Es ist auch ein Beruf, Gedanken zu haben oder nach den Sternen zu schauen. Es gibt eigentlich nichts, das ein Mann tun könnte, aus dem der Papalagi nicht einen Beruf macht.

Wenn also ein Weißer sagt: Ich bin ein Tussi-tussi[1] – so ist dies ein Beruf, so tut er eben nichts als einen Brief nach dem anderen schreiben. Er rollt seine Schlafmatte nicht aufs Gebälk, er geht nicht ins Kochhaus, sich eine Frucht zu braten, er säubert sein Eßgeschirr nicht. Er ißt Fische, geht aber nicht zum Fischen, er ißt Früchte, bricht aber nie eine Frucht vom Baume. Er schreibt einen Tussi nach dem anderen; denn Tussi-tussi ist ein Beruf. Geradeso, wie dieses alles aus sich schon ein Beruf ist: das Schlafmatten-aufs-Gebälk-Tun, das Früchte-Braten, Eßgeschirr-Säubern, das Fisch-Fangen oder das Früchte-Brechen. Erst der Beruf gibt jedem eine rechte Vollmacht zu seinem Tun.

So kommt es denn, daß die meisten Papalagi nur das tun können, was ihr Beruf ist, und der höchste Häuptling, der viel Weisheit im Kopfe hat und viel Kraft im Arm, nicht fähig ist, seine Schlafrolle aufs Gebälk zu legen oder sein Eßgeschirr zu reinigen.

Und so kommt es auch, daß der, welcher einen farbenbunten Tussi schreiben kann, doch nicht fähig sein muß, ein Canoe über die Lagune hinauszufahren und umgekehrt. Beruf haben heißt: nur laufen, nur schmecken, nur riechen, nur kämpfen können, im-

1 Tussi = der Brief, Tussi-tussi = der Briefschreiber.

mer nur eines können. In diesem Nur-eines-Können liegt ein großer Mangel und eine große Gefahr; denn ein jeder kann wohl einmal in die Lage kommen, ein Canoe durch die Lagune zu fahren.

Der große Geist gab uns unsere Hände, daß wir die Frucht vom Baume brechen, die Taroknolle aus dem Sumpfe heben können. Er gab sie uns, unseren Leib zu schützen gegen die Feinde, und er gab sie uns zur Freude bei Tanz und Spiel und allen Lustbarkeiten. Er gab sie uns aber sicher nicht, daß wir nur Hütten bauen, nur Früchte brechen oder Knollen heben, sondern sie sollen unsere Diener und Krieger sein zu allen Zeiten und bei allen Gelegenheiten.

Dies begreift aber der Papalagi nicht. Daß sein Tun aber falsch ist, grundfalsch und gegen alle Gebote des großen Geistes, erkennen wir daran, daß es Weiße gibt, die nicht mehr laufen können, die viel Fett ansetzen am Unterleib wie ein Puaa[2], weil sie stets rasten müssen, von Berufs wegen, die keinen Speer mehr heben und werfen können, weil ihre Hand nur den Schreibknochen hält, sie im Schatten sitzen und nichts tun als Tussi schreiben, die kein wildes Roß mehr lenken können, weil sie nach den Sternen sehen oder Gedanken aus sich selber ausgraben. Selten kann ein Papalagi noch springen und hüpfen wie ein Kind, wenn er im Mannesalter ist. Er schleift beim Ge-

2 Schwein.

hen seinen Leib an der Luft und bewegt sich fort, als ob er dauernd gehemmt sei. Er beschönigt und verleugnet diese Schwäche und sagt, daß Laufen, Springen und Hüpfen nicht wohlanständig für einen Mann von Würde seien. Aber dies ist dennoch ein Heuchelgrund; denn seine Knochen sind hart und unbeweglich geworden, und alle seine Muskeln verließ ihre Freude, weil der Beruf sie zu Schlaf und Tod verbrannte. Auch der Beruf ist ein Aitu, der das Leben vernichtet. Ein Aitu, der dem Menschen schöne Einflüsterungen macht, ihm aber das Blut aus dem Leibe trinkt.

Doch der Beruf schadet dem Papalagi noch in anderer Weise und gibt sich noch nach anderer Seite hin als ein Aitu zu erkennen.

Es ist eine Freude, eine Hütte zu bauen, die Bäume im Walde zu fällen und sie zu Pfosten zu behauen, die Pfosten dann aufzurichten, das Dach darüber zu wölben und am Ende, wenn Pfosten und Träger und alles andere gut mit Kokosfaden verbunden sind, es mit dem trockenen Laub des Zuckerrohres zu decken. Ich brauche euch nicht zu sagen, wie groß eine Freude ist, wenn eine Dorfschaft das Häuptlingshaus errichtet und selbst die Kinder und Frauen an der großen Feier mit teilnehmen.

Was würdet ihr nur sagen, wenn nur wenige Männer aus dem Dorfe in den Wald dürften, um die Bäume zu fällen und sie zu Pfosten zu schlagen? Und diese wenigen dürfen nicht helfen, die Pfosten aufzurichten, denn ihr Beruf wäre es, nur Bäume zu fällen und Pfosten zu schlagen? Und die, welche die Pfosten aufrichten, dürften nicht das Dachgesparre flechten, denn ihr Beruf wäre es, nur Pfosten aufzurichten? Und die, welche die Dachgesparre flechten, dürften nicht helfen, es mit Zuckerrohrlaub zu decken, denn ihr Beruf wäre es, nur Sparren zu flechten? Alle aber dürften nicht helfen, den runden Kiesel vom Strande zu holen zum Belag des Bodens, denn dieses dürften nur tun die, deren Beruf dies ist? Und nur die dürften die Hütte befeiern und einweihen, die darin wohnen, nicht aber sie alle, welche die Hütte erbauen? –

Ihr lacht, und so würdet ihr auch sicherlich sagen: Wenn wir nur eines und nicht alles mittun dürfen und nicht bei allem helfen sollen, wozu Manneskraft dient, so ist unsere Freude nur halb – sie ist gar nicht. Und ihr würdet sicher als einen Narren erklären jeden, welcher von euch derweise forderte, eure Hand nur zu einem Zwecke zu benutzen, geradeso, als seien alle anderen Glieder und Sinnen eures Leibes lahm und tot.

Hieraus wird denn auch dem Papalagi seine höchste Not. Es ist schön, einmal am Bache Wasser zu schöpfen, auch mehrere Male am Tage; aber wer da von Sonnenaufgang bis zur Nacht schöpfen muß und jeden Tag wieder und alle Stunden, soweit seine Kraft nur reicht, und immer wieder schöpfen muß – der

wird schließlich den Schöpfer in Zorn von sich schleudern in Empörung über die Fessel an seinem Leibe. Denn nichts fällt jedem Menschen so schwer, als immer genau das gleiche zu tun.

Es gibt aber Papalagi, die schöpfen nicht etwa Tag um Tag an gleicher Quelle – dies möchte ihnen noch eine hohe Freude sein –, nein, die nur ihre Hand heben oder senken oder gegen einen Stab stoßen, und dies in einem schmutzigen Raume, ohne Licht und ohne Sonne, die nichts tun, bei dem eine Kraftmühe ist oder irgendeine Freude, deren Heben oder Senken oder Gegen-einen-Stein-Stoßen dennoch vonnöten ist nach dem Denken des Papalagi, weil damit vielleicht eine Maschine angetrieben oder geregelt wird, die da Kalkringe schneidet oder Brustschilder, Hosenmuscheln oder sonst was. Es gibt in Europa wohl mehr Menschen, als Palmen auf unseren Inseln sind, deren Gesicht aschgrau ist, weil sie keine Freude an ihrer Arbeit kennen, weil ihr Beruf ihnen alle Lust verzehrt, weil aus ihrer Arbeit keine Frucht, nicht einmal ein Blatt wird, sich daran zu freuen.

Und darum lebt ein glühender Haß in den Menschen der Berufe. Sie alle haben in ihrem Herzen ein Etwas wie ein Tier, das eine Fessel festhält, das sich aufbäumt und das doch nicht los kann. Und alle messen ihre Berufe aneinander voll Neid und Mißgunst, man spricht von höheren und niederen Berufen, obgleich doch alle Berufe nur ein Halbtun sind. Denn der

Mensch ist nicht nur Hand oder nur Fuß oder nur Kopf; er ist alles vereint. Hand, Fuß und Kopf wollen gleichsam sein. Wenn alle Glieder und Sinne zusammentun, nur dann kann sich ein Menschenherz gesund freuen, nie aber, wenn nur ein Teil des Menschen Leben hat und alle anderen tot sein sollen. Dies bringt den Menschen in Wirrnis, Verzweiflung oder Krankheit.

Der Papalagi lebt in Wirrnis durch seinen Beruf. Er will dies zwar nie wissen, und sicherlich, so er mich dies alles reden hörte, möchte er mich als den Narren erklären, der da Richter sein will und der doch nie zu urteilen vermag, weil er selber nie einen Beruf gehabt und auch nie wie ein Europäer gearbeitet hat.

Aber der Papalagi hat uns nie die Wahrheit und die Einsicht gebracht, warum wir mehr arbeiten sollen, als Gott es von uns verlangt, um satt zu werden, ein Dach über dem Haupte zu haben und eine Freude am Feste auf dem Dorfplatze. Wenig mag diese Arbeit erscheinen und arm unser Dasein an Berufen. Aber was ein rechter Mann und Bruder der vielen Inseln ist, der macht seine Arbeit mit Freude, nie mit Pein. Lieber macht er sie gar nicht. Und dies ist es, was uns von den Weißen scheidet. Der Papalagi seufzt, wenn er von seiner Arbeit spricht, als erdrücke ihn seine Bürde; singend ziehen die Jünglinge Samoas ins Tarofeld, singend reinigen die Jungfrauen die Lendentücher am strömenden Bache. Der große Geist will sicher nicht, daß wir grau werden sollen in Berufen und schleichen wie die Kröten und kleinen Kriechtiere in der Lagune. Er will, daß wir stolz und aufrecht bleiben in allem Tun und immer ein Mensch mit fröhlichen Augen und fließenden Gliedern.

# Vom Orte des falschen Lebens und von den vielen Papieren

Viel hätte euch, liebe Brüder des großen Meeres, euer demütiger Diener zu sagen, um euch die Wahrheit über Europa zu geben. Dazu müßte meine Rede sein wie ein Sturzbach, der vom Morgen bis zum Abend fließt, und dennoch würde eure Wahrheit unvollkommen sein, denn das Leben des Papalagi ist wie das Meer, dessen Anfang und Ende man auch nie genau abschauen kann. Es hat ebenso viele Wellen wie das große Wasser; es stürmt und brandet, es lächelt und träumt. Wie dieses nie ein Mensch mit hohler Hand ausschöpfen kann, so kann ich auch nicht das große Meer Europas zu euch tragen mit meinem kleinen Geiste.

Aber davon will ich nicht säumen, euch zu berichten, denn wie das Meer nicht ohne Wasser sein kann, so das Leben Europas nicht ohne den Ort des falschen Lebens und nicht ohne die vielen Papiere. Nimmst du dies beides dem Papalagi, so gliche er wohl dem Fische, den die Brandung aufs Land geworfen hat: er kann nur mit den Gliedern zucken, aber nicht mehr schwimmen und sich tummeln, wie er es liebt.

Der Ort des falschen Lebens. Es ist nicht leicht, euch diesen Ort, den der Weiße Kino nennt, zu schildern, so daß ihr ihn mit euren Augen klar erkennet. In jeder Dorfschaft überall in Europa gibt es diesen geheimnisvollen Ort, den die Menschen lieben, mehr wie ein Missionshaus. Von dem schon die Kinder träumen und mit dem ihre Gedanken sich liebend gerne beschäftigen.

Das Kino ist eine Hütte, größer wie die größte Häuptlingshütte von Upolu, ja viel größer noch. Sie ist dunkel auch am hellsten Tage, so dunkel, daß niemand den anderen erkennen kann. Daß man geblendet ist, wenn man hineinkommt, noch geblendeter, wenn man wieder hinausgeht. Hier schleichen sich die Menschen hinein, tasten an den Wänden entlang, bis eine Jungfrau mit einem Feuerfunken kommt und sie dahin führt, wo noch Platz ist. Ganz dicht hockt ein Papalagi neben dem anderen in der Dunkelheit, keiner sieht den anderen, der dunkle Raum ist mit schweigenden Menschen gefüllt. Jeder einzelne sitzt auf einem schmalen Brettchen; alle Brettchen stehen in Richtung nach der einen gleichen Wand hin.

Vom Grunde dieser Wand, wie aus einer tiefen Schlucht, dringt lautes Getön und Gesumme hervor, und sobald die Augen sich an die Dunkelheit gewöhnt haben, erkennt man einen Papalagi, der sitzend mit einer Truhe kämpft. Er schlägt mit ausgespreizten Händen auf sie ein, auf viele kleine weiße und schwarze Zungen, die die große Truhe hervorstreckt, und jede Zunge kreischt laut auf und jede mit einer

anderen Stimme bei jeder Berührung, daß es ein wildes und irres Gekreisch verursacht wie bei einem großen Dorfstreit.

Dieses Getöse soll unsere Sinne ablenken und schwach machen, daß wir glauben, was wir sehen, und nicht daran zweifeln, daß es wirklich ist. Geradevor an der Wand erstrahlt ein Lichtschein, als ob ein starkes Mondlicht darauf schiene, und in dem Scheine sind Menschen, wirkliche Menschen, die aussehen und gekleidet sind wie richtige Papalagi, die sich bewegen und hin- und hergehen, die laufen, lachen, springen, geradeso, wie man es in Europa allerorten sieht. Es ist wie das Spiegelbild des Mondes in der Lagune. Es ist der Mond, und er ist es doch nicht. So auch ist dies nur ein Abbild. Jeder bewegt den Mund, man zweifelt nicht, daß sie sprechen, und doch hört man keinen Laut und kein Wort, so genau man auch hinhorcht und so quälend es auch ist, daß man nichts hört. Und dies ist auch der Hauptgrund, weshalb jener Papalagi die Truhe so schlägt: Er soll damit den Anschein erwecken, als könne man die Menschen nur nicht hören in seinem Getöse. Und deshalb erscheinen auch zuweilen Schriftzeichen an der Wand, die da künden, was der Papalagi gesagt hat oder noch sagen wird.

Trotzdem – diese Menschen sind Scheinmenschen und keine wirklichen Menschen. Wenn man sie anfassen würde, würde man erkennen, daß sie nur aus

Licht sind und sich nicht greifen lassen. Sie sind nur dazu da, dem Papalagi alle seine Freuden und Leiden, seine Torheiten und Schwächen zu zeigen. Er sieht die schönsten Frauen und Männer ganz in seiner Nähe. Wenn sie auch stumm sind, so sieht er doch ihre Bewegungen und das Leuchten der Augen. Sie scheinen ihn selber anzuleuchten und mit ihm zu sprechen. Er sieht die höchsten Häuptlinge, mit denen er nie zusammenkommen kann, ungestört und nahe wie seinesgleichen. Er nimmt an großen Essenshuldigungen, Fonos und anderen Festen teil, er scheint selber immer dabeizusein und mitzuessen und mitzufeiern. Aber er sieht auch, wie der Papalagi das Mädchen einer Aiga raubt. Oder wie ein Mädchen seinem Jüngling untreu wird. Er sieht, wie ein wilder Mann einen reichen Alii an der Gurgel packt, wie seine Finger sich tief in das Fleisch des Halses drücken, die Augen des Alii hervorquellen, wie er tot ist und ihm der wilde Mann sein rundes Metall und schweres Papier aus dem Lendentuch reißt. Währenddem nun das Auge des Papalagi solche Freuden und Schrecklichkeiten sieht, muß er ganz stille sitzen; er darf das untreue Mädchen nicht schelten, darf dem reichen Alii nicht beispringen, um ihn zu retten. Aber dies macht dem Papalagi keinen Schmerz; Er sieht dies alles mit großer Wollust an, als ob er gar kein Herz habe. Er empfindet keinen Schrecken und keinen Abscheu. Er beobachtet alles, als sei er selber ein anderes Wesen.

Denn der, welcher zusieht, ist immer der festen Meinung, er sei besser als die Menschen, welche er im Lichtschein sieht, und er selber umginge alle die Torheiten, die ihm gezeigt werden. Still und ohne Luftnehmen hangen seine Augen an der Wand, und sobald er ein starkes Herz und ein edles Abbild sieht, zieht er es in sein Herz und denkt: Dies ist mein Abbild. Er sitzt völlig unbewegt auf seinem Holzsitz und starrt auf die steile, glatte Wand, auf der nichts lebt als ein täuschender Lichtschein, den ein Zauberer durch einen schmalen Spalt der Rückwand hereinwirft und auf dem doch so vieles lebt als falsches Leben. Diese falschen Abbilder, die kein wirkliches Leben haben, in sich hineinziehen, das ist es, was dem Papalagi so hohen Genuß bereitet. In diesem dunklen Raum kann er ohne Scham und ohne daß die anderen Menschen seine Augen dabei sehn, sich in ein falsches Leben hineintun. Der Arme kann den Reichen spielen, der Reiche den Armen, der Kranke kann sich gesund denken, der Schwache stark. Jeder kann hier im Dunkeln an sich nehmen und im falschen Leben erleben, was er im wirklichen Leben nicht erlebt und nie erleben wird.

Sich diesem falschen Leben hinzugeben ist eine große Leidenschaft des Papalagi geworden, sie ist oft so groß, daß er sein wirkliches Leben darüber vergißt. Diese Leidenschaft ist krank, denn ein rechter Mann will nicht in einem dunklen Raum ein Scheinleben haben, sondern ein warmes, wirkliches in der hellen

Sonne. Die Folge dieser Leidenschaft ist, daß viele Papalagi, die da aus dem Orte des falschen Lebens treten, dieses nicht mehr vom wirklichen Leben unterscheiden können und, wirr geworden, sich reich glauben, wenn sie arm, oder schön, wenn sie häßlich sind. Oder Untaten tun, die sie in ihrem wirklichen Leben nie getan hätten, die sie aber tun, weil sie das nicht mehr unterscheiden können, was wirklich ist und was nicht ist. Es ist ein ganz ähnlicher Zustand, wie ihr alle ihn an dem Europäer erkennt, wenn er zuviel europäische Kava getrunken hat und glaubt, auf Wellen zu gehen.

Auch die vielen Papiere erwirken eine Art Rausch und Taumel über den Papalagi. – Was dies ist, die vielen Papiere? – Denkt euch eine Tapamatte, dünn, weiß, zusammengefaltet; geteilt und nochmals gefaltet, alle Seiten eng beschrieben, ganz eng – das ist die vielen Papiere, oder wie es der Papalagi nennt, die Zeitung.

In diesen Papieren liegt die große Klugheit des Papalagi. Er muß jeden Morgen und Abend seinen Kopf zwischen sie halten, um ihn neu zu füllen und ihn satt zu machen, damit er besser denkt und viel in sich hat, wie das Pferde auch besser läuft, wenn es viele Bananen gefressen hat und sein Leib ordentlich voll ist. Wenn der Alii noch auf der Matte liegt, eilen schon Boten durchs Land und verteilen die vielen Papiere. Es ist das erste, wonach der Papalagi greift, nachdem er den

Schlaf von sich stieß. Er liest. Er bohrt seine Augen in das, was die vielen Papiere erzählen. Und alle Papalagi tun das gleiche – auch sie lesen. Sie lesen, was die höchsten Häuptlinge und Sprecher Europas auf ihren Fonos gesagt haben. Dies steht genau auf der Matte aufgezeichnet, selbst wenn es etwas ganz Törichtes ist. Auch ihre Lendentücher, die sie anhatten, sind genau beschrieben, was jene Alii gegessen haben, wie ihr Pferd heißt, ob sie selber Elephantiasis[1] oder schwache Gedanken haben.

Dies, was sie erzählen, würde in unserem Lande folgendermaßen lauten: Der Pulu nuu[2] von Matautu hat heute morgen nach gutem Schlafe zunächst einen Rest Taro vom Abend vorher gegessen, danach ging er zum Fischen, kehrte um Mittag wieder in seine Hütte zurück, lagerte auf seiner Hausmatte und sang und las in der Bibel bis zum Abend. Seine Frau Sina hat zuerst ihr Kind gesäugt, ist dann zum Bade gegangen und fand auf dem Heimweg eine schöne Puablume, mit der sie ihr Haar schmückte und wieder in ihre Hütte zurückkehrte. Und so fort.

Alles, was geschieht und was die Menschen tun und nicht tun, wird mitgeteilt, ihre schlechten und guten Gedanken ebenso, wie wenn sie ein Huhn oder Schwein schlachten oder sich ein neues Canoe gebaut

1 Eine Krankheit, Wucherung der Gewebe, bei der die Gliedmaßen unnatürlich anschwellen.

2 Der Richter.

SUNDAY NEWS

haben. Es geschieht und gibt nichts im weiten Lande, das diese Matte nicht gewissenhaft erzählt. Der Papalagi nennt dies: »Über alles gut unterrichtet sein.« Er will unterrichtet sein über alles, was von einem Sonnenuntergang zum anderen in seinem Lande geschieht.

Er ist empört, wenn ihm etwas entgeht. Er nimmt alles gierig in sich auf. Obwohl auch alle Schrecklichkeiten mit verkündet werden und alles das, was ein gesunder Menschenverstand am liebsten ganz schnell wieder vergißt. Ja gerade dieses Schlechte und Wehtuende wird noch genauer mitgeteilt als alles Gute, ja bis in alle Einzelheiten, als ob das Gute mitzuteilen nicht viel wichtiger und fröhlicher wäre als das Schlechte.

Wenn du die Zeitung liest, brauchst du nicht nach Apolima, Manono oder Savaii zu reisen, um zu wissen, was deine Freunde tun, denken und feiern. Du kannst ruhig auf deiner Matte liegen, die vielen Papiere erzählen dir alles. Dies scheint sehr schön und angenehm, doch dies ist nur ein Trugschluß. Denn wenn du nun deinem Bruder begegnest und jeder von euch hielt schon den Kopf in die vielen Papiere, so wird einer dem anderen nichts Neues oder Besonderes mehr mitzuteilen haben, da jeder das gleiche in seinem Kopfe trägt, ihr schweigt euch also an oder wiederholt einander nur, was die Papiere sagten. Es bleibt aber immer ein Stärkeres, ein Fest oder ein Leid mitzufeiern oder mitzutrauern, als dies nur erzählt zu bekommen von fremdem Munde und es nicht mit seinen Augen gesehen zu haben.

Aber dies ist es nicht, was die Zeitung für unseren Geist so schlecht macht, daß sie uns erzählt, was geschieht, sondern daß sie uns auch sagt, was wir darüber denken sollen über dies Dies und das Das, über unsere hohen Häuptlinge oder die Häuptlinge anderer Länder, über alle Geschehnisse und alles Tun der Menschen. Die Zeitung möchte alle Menschen zu einem Kopfe machen, sie bekämpft meinen Kopf und mein Denken. Sie verlangt für jeden Menschen ihren Kopf und ihr Denken. Und dies gelingt ihr auch. Wenn du am Morgen die vielen Papiere liest, weißt du am Mittag, was jeder Papalagi in seinem Kopfe trägt und denkt.

Die Zeitung ist auch eine Art Maschine, sie macht täglich viele neue Gedanken, viel mehr als ein einzelner Kopf machen kann. Aber die meisten Gedanken sind schwache Gedanken ohne Stolz und Kraft, sie füllen wohl unseren Kopf mit viel Nahrung, aber machen ihn nicht stark. Wir könnten geradesogut unseren Kopf mit Sand füllen. Der Papalagi überfüllt seinen Kopf mit solcher nutzlosen Papiernahrung. Ehe er die eine von sich stoßen kann, nimmt er die neue schon wieder auf. Sein Kopf ist wie die Mangrovesümpfe, die im eigenen Schlick ersticken, in denen nichts Grünes und Fruchtbares mehr wächst, wo nur üble Dämpfe aufsteigen und stechende Insekten sich tummeln. Der Ort des falschen Lebens und die vielen Papiere haben den Papalagi zu dem gemacht, was er ist: zu einem schwachen, irrenden Menschen, der das liebt, was nicht wirklich ist, und der das, was wirklich ist, nicht mehr erkennen kann, der das Abbild des Mondes für den Mond selber hält und eine beschriebene Matte für das Leben selber.

# Die schwere Krankheit des Denkens

Wenn das Wort »Geist« in den Mund des Papalagi kommt, so werden seine Augen groß, rund und starr; er hebt seine Brust, atmet schwer und reckt sich auf wie ein Krieger, der den Feind geschlagen hat. Denn dies »Geist« ist etwas, worauf er besonders stolz ist. Es ist jetzt nicht die Rede vom großen, gewaltigen Geiste, welchen der Missionar »Gott« nennt, von dem wir alle nur ein kümmerliches Abbild sind, sondern vom kleinen Geiste, der dem Menschen zugehört und seine Gedanken macht.

Wenn ich von hier aus den Mangobaum hinter der Missionskirche sehe, so ist das nicht Geist, weil ich ihn nur sehe. Aber wenn ich erkenne, daß er größer ist als die Missionskirche, so ist das Geist. Ich muß also nicht nur etwas sehen, sondern auch etwas wissen. Dieses Wissen übt der Papalagi nun vom Sonnenaufgang bis zum -untergang. Sein Geist ist immer wie ein gefülltes Feuerrohr oder wie eine ausgeworfene Angelrute. Er bemitleidet darum uns Völker der vielen Inseln, weil wir kein Wissen üben. Wir seien arm im Geiste und dumm wie das Tier der Wildnis.

Das ist wohl wahr, daß wir wenig das Wissen üben, was der Papalagi »Denken« nennt. Aber es fragt sich, ob der dumm ist, welcher nicht viel, oder der, welcher zuviel denkt. – Der Papalagi denkt dauernd. Meine Hütte ist kleiner als die Palme. Die Palme beugt sich im Sturme. Der Sturm spricht mit großer Stimme. Derart denkt er; in seiner Weise natürlich. Er denkt aber auch über sich selbst. Ich bin klein gewachsen. Mein Herz ist immer fröhlich beim Anblick eines Mädchens. Ich liebe es sehr, auf malaga[1] zu gehen. Und so fort.

Das ist nun fröhlich und gut und mag auch manchen versteckten Nutzen haben für den, der dieses Spiel in seinem Kopfe liebt. Doch der Papalagi denkt so viel, daß ihm das Denken zur Gewohnheit, Notwendigkeit, ja zu einem Zwange wurde. Er muß immerzu denken. Er bringt es nur schwer fertig, nicht zu denken und mit allen Gliedern zugleich zu leben. Er lebt oft nur mit dem Kopfe, während alle seine Sinne tief im Schlafe liegen. Obwohl er dabei aufrecht geht, spricht, ißt und lacht. Das Denken, die Gedanken – das sind die Früchte des Denkens – halten ihn gefangen. Es ist eine Art Rausch an seinen eigenen Gedanken. Wenn die Sonne schön scheint, denkt er sofort: Wie schön scheint sie jetzt! Er denkt immerzu: Wie schön scheint sie jetzt. Das ist falsch. Grundfalsch. Töricht. Denn es ist besser, gar nicht zu denken, wenn sie scheint. Ein kluger Samoaner dehnt seine Glieder im warmen Lichte und denkt nichts dabei. Er nimmt die

1 Auf Reisen gehen.

Sonne nicht nur mit dem Kopfe an sich, sondern auch mit den Händen, Füßen, Schenkeln, dem Bauche, mit allen Gliedern. Er läßt seine Haut und Glieder für sich denken. Und sie denken sicher auch, wenn auch in anderer Weise als der Kopf. Dem Papalagi ist aber das Denken vielfach im Wege wie ein großer Lavablock, den er nicht forträumen kann. Er denkt wohl fröhlich, aber lacht dabei nicht, er denkt wohl traurig, aber weint dabei nicht. Er ist hungrig, aber greift nicht zum Taro oder Palusami[2]. Er ist zumeist ein Mensch, dessen Sinne in Feindschaft leben mit seinem Geiste; ein Mensch, der in zwei Teile zerfällt.

Das Leben des Papalagi gleicht vielfach einem Manne, der eine Bootsfahrt nach Savaii macht und der, kaum daß er vom Ufer abstößt, denkt: Wie lange mag ich wohl brauchen, bis ich nach Savaii komme? Er denkt, aber sieht nicht die freundliche Landschaft, durch die seine Reise geht. Bald schiebt sich am linken Ufer ein Bergrücken vor. Kaum daß sein Auge ihn nimmt, so kann er davon nicht lassen. Was mag wohl hinter dem Berge sein? Ob es wohl eine tiefe oder enge Bucht ist? Er vergißt über solchem Denken, die Bootsgesänge der Jünglinge mitzusingen; er hört auch die fröhlichen Scherze der Jungfrauen nicht. Kaum liegt die Bucht und der Bergrücken hinter ihm, so plagt ihn ein neuer Gedanke: ob wohl bis zum Abend

2 Ein Lieblingsgericht des Samoaners.

Sturm komme. Ja, ob wohl Sturm komme. Er sucht am hellen Himmel nach finsteren Wolken. Er denkt immer an den Sturm, der wohl kommen könnte. Der Sturm kommt nicht, und er erreicht Savaii am Abend ohne Schaden. Doch nun ist ihm, als ob er die Reise gar nicht gemacht habe, denn immer waren seine Gedanken weit von seinem Leibe und außerhalb des Bootes. Er hätte ebenso gut in seiner Hütte in Upolu bleiben können.

Ein Geist aber, der uns derart plagt, ist ein Aitu, und ich begreife nicht, warum ich ihn viel lieben soll. Der Papalagi liebt und verehrt seinen Geist und nährt ihn mit Gedanken aus seinem Kopfe. Er läßt ihn nie hungern, aber es macht ihm auch wenig Beschwer, wenn die Gedanken sich gegenseitig verspeisen. Er macht viel Geräusch mit seinen Gedanken und läßt sie laut werden wie unerzogene Kinder. Er gebart sich, als wären seine Gedanken ebenso köstlich wie Blüten, Berge und Wälder. Er spricht von seinen Gedanken, als sei dagegen nicht wert, wenn ein Mann tapfer und ein Mädchen fröhlichen Sinnes ist. Er gehabt sich geradeso, als ob es irgendwo ein Gebot gäbe, daß der Mensch viel denken müsse. Ja, daß dieses Gebot von Gott sei. Wenn die Palmen und Berge denken, machen sie doch auch nicht viel Lärm dabei. Und sicherlich, würden die Palmen so laut und wild denken wie die Papalagi, so hätten sie keine schönen grünen Blätter und keine goldenen Früchte. (Denn das ist eine feste

Erfahrung, daß Denken schnell alt und häßlich macht.) Sie würden abfallen, ehe sie reif sind. Es ist aber wahrscheinlicher, daß sie sehr wenig denken.

Es gibt zudem gar vielerlei Art und Weise zu denken und mannigfache Ziele für den Pfeil des Geistes. Traurig ist das Los der Denker, die in die Ferne denken. Wie wird dies sein, wenn die nächste Morgenröte kommt? Was wird der große Geist mit mir vorhaben, wenn ich in das Salefe'e[3] komme? Wo war ich, ehe mir die Boten des Tagaloa[4] die Agaga[5] schenkten? Dieses Denken ist so unnütz, wie wenn einer die Sonne mit geschlossenen Augen sehen will. Es geht nicht. So ist es auch nicht möglich, in die Ferne und in den Anfang zu Ende zu denken. Das verspüren die, welche es versuchen. Sie hocken von ihren Jünglingsjahren bis zum Mannesalter wie die Eisvögel an einer Stelle. Sehen die Sonne nicht mehr, das weite Meer, das liebe Mädchen, keine Freude, kein Nichts, kein Garnichts. Selbst die Kava schmeckt ihnen nicht mehr, und beim Tanz auf dem Dorfplatz sehen sie vor sich nieder auf die Erde. Sie leben nicht, obwohl sie auch nicht tot sind. Die schwere Krankheit des Denkens hat sie überfallen.

Dieses Denken soll den Kopf groß und hoch machen. Wenn einer viel und schnell denkt, sagt man in

3 Die samoanische Unterwelt.
4 Der höchste Gott in der Sage.
5 Die Seele.

Europa, er sei ein großer Kopf. Statt mit diesen großen Köpfen Mitleid zu haben, werden sie besonders verehrt. Die Dörfer machen sie zu ihren Häuptlingen, und wohin ein großer Kopf kommt, da muß er öffentlich vor den Menschen denken, was allen viele Wollust bereitet und viel bewundert wird. Wenn ein großer Kopf stirbt, dann ist Trauer im ganzen Land und viel Wehklagen um das, was verloren ist. Man macht ein Spiegelbild des großen toten Kopfes in Felsgestein und stellt es vor aller Augen auf dem Marktplatze auf. Ja man macht diese steinernen Köpfe noch viel größer, als sie im Leben waren, damit das Volk sie ja recht bewundere und sich demütig auf den eigenen kleinen Kopf besinnen kann.

Wenn man nun einen Papalagi fragt: Warum denkst du so viel?, antwortet er: Weil ich nicht dumm bleiben will und mag. Es gilt als valea[6] jeder Papalagi, welcher nicht denkt; wenngleich er doch eigentlich klug ist, der nicht viel denkt und seinen Weg doch findet.

Ich glaube aber, daß dies nur ein Vorwand ist und der Papalagi einem schlechten Triebe nachgeht. Daß der eigentliche Zweck seines Denkens ist, hinter die Kräfte des großen Geistes zu kommen. Ein Tun, das er selber mit dem wohlklingenden Titel »Erkennen« bezeichnet. Erkennen, das heißt ein Ding so nahe vor Augen haben, daß man mit der Nase daran, ja hin-

6 dumm.

durch stößt. Dieses Durchstoßen und Durchwühlen aller Dinge ist eine geschmacklose und verächtliche Begierde des Papalagi. Er ergreift den Skolopender[7], durchstößt ihn mit einem kleinen Speere, reißt ihm ein Bein aus. Wie sieht so ein Bein getrennt von seinem Leibe aus? Wie war es am Leibe festgemacht? Er zerbricht das Bein, um die Dicke zu prüfen. Das ist wichtig, ist wesentlich. Er stößt einen sandkorngroßen Splitter vom Beine ab und legt ihn unter ein langes Rohr, das eine geheime Kraft hat und die Augen viel schärfer sehen läßt. Mit diesem großen und starken Auge durchsucht er alles, deine Träne, einen Fetzen deiner Haut, ein Haar, alles, alles. Er zerteilt alle diese Dinge, bis er an einen Punkt kommt, wo sich nichts mehr zerbrechen und zerteilen läßt. Obwohl dieser Punkt allemal der kleinste ist, so ist er doch zumeist der allerwesentlichste, denn er ist der Eingang zur höchsten Erkenntnis, die nur der große Geist besitzt.

Dieser Eingang ist auch dem Papalagi verwehrt, und seine besten Zauberaugen haben noch nicht hineingeschaut. Der große Geist läßt sich seine Geheimnisse nie nehmen. Nie. Es ist noch niemand höher geklettert, als die Palme hoch war, die seine Beine umschlungen hielten. Bei der Krone mußte er umkehren; es fehlte ihm der Stamm, um höher hinauf zu klim-

7 Eine Art Tausendfüßler.

men. Der große Geist liebt auch die Neugierde der Menschen nicht, deshalb hat er über alle Dinge große Lianen gezogen, die ohne Anfang und Ende sind. Deshalb wird jeder, der allem Denken genau nachspürt, sicherlich herausfinden, daß er am Ende immer dumm bleibt und dem großen Geiste die Antworten lassen muß, die er sich selber nicht geben kann. Die klügsten und tapfersten der Papalagi geben dies auch zu. Trotzdem lassen die meisten Denkkranken nicht von ihrer Wollust ab, und daher kommt es, daß das Denken den Menschen auf seinem Wege so vielfach in die Irre führt, geradeso, als ginge er im Urwald, wo noch kein Pfad getreten ist. Sie verdenken sich, und ihre Sinne können, wie es tatsächlich vorgekommen ist, plötzlich Mensch und Tier nicht mehr unterscheiden. Sie behaupten, der Mensch sei ein Tier und das Tier menschlich.

Schlimm und verhängnisvoll ist es darum, daß alle Gedanken, einerlei ob sie gut oder schlecht sind, alsogleich auf dünne weiße Matten geschleudert werden. »Sie werden gedruckt«, sagt der Papalagi. Das heißt: Was jene Kranken denken, wird nun auch noch mit einer Maschine, die höchst geheimnisvoll und wunderreich ist, die tausend Hände und den starken Willen von vielen großen Häuptlingen hat, aufgeschrieben. Aber nicht einmal oder nur zweimal, sondern viele Male, unendlich viele Male, immer dieselben Gedanken. Viele Gedankenmatten werden dann in Bündeln zusammengepreßt – »Bücher« nennt sie der Papalagi – und in alle Teile des großen Landes verschickt. Alle werden bald angesteckt, die diese Gedanken in sich einnehmen. Und man verschlingt diese Gedankenmatten wie süße Bananen, sie liegen in jeder Hütte, man häuft ganze Truhen voll, und jung und alt nagen daran, wie die Ratten am Zuckerrohr. Daher kommt es, daß so wenige noch vernünftig denken können in natürlichen Gedanken, wie sie ein jeder aufrechter Samoaner hat.

Auf gleiche Weise werden auch den Kindern so viele Gedanken in den Kopf geschoben, als nur hineingehen wollen. Sie müssen zwangsweise jeden Tag ihr Quantum Gedankenmatten zernagen. Nur die Gesundesten stoßen diese Gedanken ab oder lassen sie durch ihren Geist fallen wie durch ein Netz. Die meisten aber überladen ihren Kopf mit so vielen Gedanken, daß kein Raum mehr darin ist und kein Licht mehr hineinfällt. Man nennt dies: »den Geist bilden«, und den bildenden zustand solcher Wirrnis: »Bildung«, die allgemein verbreitet ist.

Bildung heißt: seinen Kopf bis zum äußersten Rande mit Wissen füllen. Der Gebildete weiß die Länge der Palme, das Gewicht der Kokosnuß, die Namen aller seiner großen Häuptlinge und die Zeit ihrer Kriege. Er weiß die Größe des Mondes, der Sterne und aller Länder. Er kennt jeden Fluß bei Namen, jedes Tier und jede Pflanze. Er weiß alles, alles. Stelle einem Gebil-

deten eine Frage, er schießt dir die Antwort entgegen, noch ehe du deinen Mund schließt. Sein Kopf ist immer mit Munition geladen, ist immer schußbereit. Jeder Europäer gibt die schönste Zeit seines Lebens daran, seinen Kopf zum schnellsten Feuerrohr zu machen. Wer sich ausschließen will, wird gezwungen. Jeder Papalagi muß wissen, muß denken.

Das einzige, was nun all jene Denkkranken heilen könnte, das Vergessen, das Fortschleudern der Gedanken, wird nicht geübt; daher können es die wenigsten. Die meisten tragen eine Last in ihrem Kopfe herum, daß ihr Leib müde ist vom schweren Tragen und kraftlos und welk wird von der Zeit.

Sollen wir nun, ihr lieben nichtdenkenden Brüder, nach alledem, was ich euch hier in treuer Wahrheit verkündet habe, wirklich dem Papalagi nacheifern und auch denken lernen wie er? Ich sage: nein! Denn wir sollen und dürfen nichts tun, das uns nicht stärker an Leib und unsere Sinne nicht fröhlicher und besser macht. Wir müssen uns hüten vor allem, was uns die Freude am Leben rauben möchte, vor allem, was unsern Geist verdunkelt und ihm sein helles Licht nimmt, vor allem, was unseren Kopf in Streit mit unserem Leibe bringt. Der Papalagi beweist uns durch sich selbst, daß das Denken eine schwere Krankheit ist und den Wert eines Menschen um vieles kleiner macht.

# Der Papalagi will uns in seine Dunkelheit hineinziehen

Liebe Brüder, es gab eine Zeit, da wir alle in der Dunkelheit saßen und keiner von uns das strahlende Licht des Evangeliums kannte, da wir umherirrten wie Kinder, die ihre Hütte nicht finden können, da unser Herz keine große Liebe kannte und unsere Ohren noch taub waren für das Wort Gottes.

Der Papalagi hat uns das Licht gebracht. Er kam zu uns, uns aus unserer Dunkelheit zu befreien. Er führte uns zu Gott und lehrte uns ihn lieben. Wir verehrten ihn darum als den Bringer des Lichtes, als den Sprecher des großen Geistes, den der Weiße Gott nennt. Wir erkannten und anerkannten den Papalagi als unseren Bruder und wehrten ihm nicht unser Land, sondern teilten alle Frucht und alles Eßbare redlich mit ihm als eines gleichen Vaters Kinder.

Keine Mühe ließ sich der weiße Mann verdrießen, uns das Evangelium zu bringen, auch wenn wir uns wie störrische Kinder seiner Lehre widersetzten. Für diese Mühe und für alles dies, was er unseretwegen erduldet, wollen wir ihm dankbar sein und ihn für alle Zeiten feiern und ihm huldigen als unserem Lichtbringer.

Der Missionar des Papalagi lehrte uns als erster, was

Gott sei, und er führte uns von unseren alten Göttern fort, die er irre Götzen nannte, weil sie den wahren Gott nicht in sich hatten. So hörten wir denn auf, die Sterne der Nacht anzubeten, die Kraft des Feuers und des Windes, und wandten uns seinem Gotte zu, dem großen Gotte im Himmel.

Das erste, was Gott tat, war, daß er uns durch den Papalagi alle Feuerrohre und Waffen nehmen ließ, damit wir friedlich untereinander lebten als gute Christen. Denn ihr wißt die Worte Gottes, daß wir alle einander lieben, aber nicht töten sollen, welches sein höchstes Gebot ist. Wir haben unsere Waffen gegeben, und keine Kriege verheeren seitdem mehr unsere Inseln, und einer achtet den anderen als seinen Bruder. Wir erfuhren, daß Gott recht hatte mit seinem Befehle, denn friedlich lebt heute Dorf bei Dorf, wo einst große Unruhe herrschte und die Schrecken kein Ende nehmen wollten. Und wenn auch noch nicht in jedem von uns der große Gott ist und ihn mit seiner Liebe ausfüllt, so erkennen wir alle doch in Dankbarkeit, daß unsere Sinne größer und stärker geworden sind, seit wir Gott als den großen, den größten Häuptling und Herrscher der Erde verehren. Ehrfürchtig und dankbar vernehmen wir seine klugen und großen Worte, die uns immer stärker in der Liebe machen, die uns immer mehr mit seinem großen Geiste füllen.

Der Papalagi, sagte ich, brachte uns das Licht, das herrliche Licht, das in unser Herz hineinflammt und unsere Sinne mit Fröhlichkeit und Dankbarkeit erfüllte. – Er hatte das Licht früher als wir. Der Papalagi stand schon im Lichte, als die ältesten von uns noch nicht geboren waren. Aber er hält das Licht nur in ausgestreckter Hand, um anderen zu leuchten, er selber, sein Leib, steht in der Finsternis, und sein Herz ist weit von Gott, obwohl sein Mund Gott ruft, weil er das Licht in Händen hält.

Nichts ist mir schwerer und nichts erfüllt mein Herz mehr mit Trauer, ihr lieben Kinder der vielen Inseln, als euch dies zu künden. Aber wir dürfen und wollen uns nicht täuschen über den Papalagi, damit er uns nicht mit in seine Finsternis hineinzieht. Er hat uns Gottes Wort gebracht. Ja. Aber er selber hat Gottes Wort und seine Lehre nicht verstanden. Er hat sie mit dem Munde und seinem Kopfe verstanden, aber nicht mit seinem Leibe. Das Licht ist nicht in ihn eingedrungen, daß er es widerstrahle und, wohin er kommt, alles in Licht leuchte aus seinem Herzen. Dieses Licht, das man auch Liebe nennen kann.

Er fühlt zwar diese Falschheit zwischen seinem Worte und Leibe nicht mehr. Aber du kannst es daran erkennen, daß kein Papalagi mehr das Wort Gott aussprechen kann aus seinem Herzen. Er verzieht das Gesicht dabei, als sei er müde oder als ginge ihn dieses Wort nichts an. Alle Weißen geben sich zwar den Namen Gotteskinder und lassen sich ihren Glauben von den weltlichen Häuptlingen auf Matten geschrieben bestätigen. Aber Gott ist ihnen dennoch fremd, und wenn auch jeder die große Liebe empfangen hat und jeder von Gott weiß. Selbst diejenigen, welche bestimmt sind, von Gott zu sprechen in den großen, herrlichen Hütten, die ihm zu Ehren erbaut wurden, haben Gott nicht in sich, und ihr Sprechen nimmt den Wind und die große Leere. Die Gottessprecher erfüllen ihre Rede nicht mit Gott, sie sprechen wie die Wellen, die aufs Riff schlagen – keiner hört sie mehr und wenn sie auch ununterbrochen tosen.

Ich darf dies sagen, ohne daß Gott mir zürnt: Wir Kinder der Inseln waren nicht schlechter, da wir die Sterne anbeteten und das Feuer, als der Papalagi jetzt ist. Denn wir waren schlecht und in der Dunkelheit, weil wir das Licht nicht kannten. Der Papalagi kennt aber das Licht und lebt dennoch in der Dunkelheit und ist schlecht. Das Schlechteste aber ist es, daß er sich Gotteskind und Christ nennt, uns glauben machen will, er sei das Feuer, weil er eine Flamme in Händen trägt.

Der Papalagi besinnt sich selten auf Gott. Erst wenn ein Sturm ihn packt oder seine Lebensflamme erlöschen will, denkt er daran, daß es Mächte gibt, die über ihm sind, und höhere Häuptlinge als er selber. Am Tage stört ihn Gott und hält ihn nur ab von seinen seltsamen Genüssen und Freuden. Er weiß, daß sie Gott nie gefallen können, und er weiß auch, daß, wenn Gottes Licht wirklich in ihm wäre, er sich in den Sand

werfen müßte vor Scham. Denn nichts als Haß und Gier und Feindschaft erfüllt ihn. Sein Herz ist ein großer, spitzer Haken geworden, ein Haken nur für den Raub bestimmt, statt ein Licht zu sein, das die Dunkelheit forttut und alles erleuchtet und erwärmt.

Christ nennt sich der Papalagi. Ein Wort wie ein schönster Sang. Christ. O könnten wir uns für alle Zeiten Christen nennen. Christ sein, das heißt: Liebe zu dem großen Gotte und zu seinen Brüdern und dann erst zu sich selbst haben. Die Liebe – das ist das Gute tun – muß wie unser Blut in uns und ganz eins mit uns sein wie Kopf und Hand. Der Papalagi trägt das Wort Christ und Gott und Liebe nur in seinem Munde. Er schlägt mit seiner Zunge daran und macht viel Lärm damit. Aber sein Herz und seine Liebe beugt sich nicht vor Gott, sondern nur vor den Dingen, dem runden Metall und schweren Papier, vor dem Lustdenken, vor der Maschine, und kein Licht erfüllt ihn, sondern ein wilder Geiz um seine Zeit und die Narrheiten seines Berufes. Zehnmal eher geht er in den Ort des falschen Lebens als einmal zu Gott, der weit, weit ist.

Liebe Brüder, der Papalagi hat heute mehr Götzen, als wir je gehabt haben, wenn dies ein Götze ist, was wir neben Gott anbeten und verehren und als Liebstes in unserem Herzen tragen. Gott ist nicht das Liebste im Herzen des Papalagi. Und deshalb tut er auch nicht seinen Willen, sondern den Willen des Aitu. Ich sage dies aus meinem Denken, daß der Papalagi uns das

Evangelium gebracht hat als eine Art Tauschware, um dafür unsere Früchte und den größten und schönsten Teil unseres Landes an sich zu nehmen. Ich traue ihm dies wohl zu, denn ich habe viel Schmutz und viel Sünde im Herzen des Papalagi entdeckt und weiß, daß Gott uns mehr liebt als ihn, der uns den Wilden nennt, das heißt soviel wie den Menschen, der die Zähne des Tieres und kein Herz im Leibe hat.

Aber Gott fährt in seine Augen und reißt sie auseinander, um ihn sehend zu machen. Er hat dem Papalagi gesagt: Sei du, was du sein willst. Ich mache dir keine Gebote mehr. Und da ging der Weiße und gab sich zu erkennen. O Schande! O Schrecken! – Mit schallender Zunge und stolzem Wort nahm er uns die Waffen, sprach mit Gott: Liebet einander. Und nun? – O Brüder, ihr höret die Schreckenskunde, das gott-, lieb- und lichtlose Geschehen: Europa ermordet sich. Der Papalagi ist rasend geworden. Einer tötet den anderen. Alles ist Blut und Schrecken und Verderben. Der Papalagi gesteht endlich: Ich habe keinen Gott in mir. Das Licht in seiner Hand ist am Erlöschen. Finsternis liegt auf seinem Wege, man hört nur das erschrekkende Flügelschlagen der fliegenden Hunde und das Schreien der Eulen.

Brüder, die Liebe Gottes erfüllt mich und die Liebe zu euch, darum gab Gott mir meine kleine Stimme, euch dies alles zu sagen, was ich euch gesagt habe. Damit wir stark bleiben in uns selber und nicht der schnellen und listigen Zunge des Papalagi unterliegen. Laßt uns fortan unsere Hände vorstrecken, wenn er uns naht, und ihm zurufen: Schweige mit deiner lauten Stimme, deine Worte sind uns Brandungslärm und Palmenrauschen, aber nicht mehr, solange du selbst nicht ein frohes, starkes Gesicht und blanke Augen trägst, solange das Gottesbild nicht aus dir strahlt wie eine Sonne.

Und wir wollen uns ferner schwören und ihm zurufen: Bleibe von uns mit deinen Freuden und Lüsten, deinem wilden Raffen nach Reichtum in den Händen oder nach Reichtum in dem Kopfe, deiner Gier, mehr zu sein als dein Bruder, deinem vielen sinnlosen Tun, dem wirren Machen deiner Hände, deinem neugierigen Denken und Wissen, das doch nichts weiß. Allen deinen Narrheiten, die selbst deinen Schlaf auf der Matte ruhelos machen. Wir brauchen dies alles nicht und begnügen uns mit den edlen und schönen Freuden, die Gott uns in großer Zahl gab. Gott möge helfen, daß uns sein Licht nicht blendet und in die Irre führt, sondern daß es alle Wege klar macht und wir in seinem Lichte gehen können und sein herrliches Licht in uns aufnehmen, das ist: uns untereinander lieben und viel Talofa im Herzen machen.

Die vorliegende Ausgabe ist auch in größerem Format als

**Geschenkausgabe**

lieferbar.
*Farbig illustriert* von Il-Young Lee.
Schön gebunden, mit Schutzumschlag.
ISBN 3-85833-600-9

»Wir müssen die kleine, runde Zeitmaschine zerschlagen und verkünden, daß von Sonnenaufgang bis Sonnenuntergang viel mehr Zeit da ist, als ein Mensch gebrauchen kann.«

Häuptling Tuiavii aus Tiavea

Oesch Verlag
Jungholzstraße 28, 8050 Zürich
Telefax 0041-1/305 70 66
E-Mail: info@oeschverlag.ch
www.oeschverlag.ch

Bitte verlangen Sie unser Verlagsverzeichnis »Erlesene Abenteuer« direkt beim Verlag. Postkarte genügt!

Alle Bücher von Oesch erhalten Sie in Ihrer Buchhandlung

**Erich Scheurmann,** 1878–1957, wanderte 1914 nach Samoa aus und kehrte vier Jahre später nach Deutschland zurück. Ein Verleger bot ihm 2000 Mark »für eine nette Südseegeschichte« an. Die erste Auflage von »Der Papalagi« erschien 1920 und geriet nach wenigen Auflagen in Vergessenheit. Erst in den sechziger und siebziger Jahren entdeckte die Studentenbewegung »die grüne Bibel der Umweltschützer« (Hermann Kesten in »Die Zeit«) wieder. Seither ist das Büchlein in mehr als 1,7 Millionen Exemplaren allein in deutscher Sprache verbreitet und in viele Sprachen übersetzt worden.